ドキュメント ゆきゆきて神軍

増補版

原一男
疾走プロダクション
編著

皓星社

増補版のための〈まえがき〉

疾走プロダクション第一作「さようならCP」、第二作「極私的エロス・恋歌1974」のときまでは、言いたいことは作品に全部込めてある、だから作品を観てくれればわかるはず、と考えていた。だが第三作「ゆきゆきて、神軍」(以下、「神軍」)のときは違った。

言いたいことの二割くらいしか作品の中に込められなかった、というもどかしさ、悔しさの量が圧倒的に多かった。だから作品が完成して、製作ノートのような内容の原稿を雑誌『イメージフォーラム』から依頼されたときに、喜び勇んで、私の中に溜まっていた思いを一気に吐き出すように書いた。その原稿と、ニューギニアロケの部分の日記をベースにしたものを元に、「ゆきゆきて、神軍」の公開に合わせて「話の特集社」から『「ゆきゆきて、神軍」製作ノート』(以下、「製作ノート」)を出版した。

幸い「製作ノート」は好評だった。主人公・奥崎謙三と私との、言わば映画作りのヘゲモニー争いのような対立を中心に書いたのだが、映画よりおもしろい、と言っていただいた。もちろん単なる内幕ものの、暴露ものと思って書いたわけではない。現場では、カメラが回って作り手の思いがどれだけ撮れるか? 私は、二割から三割くらいだと常々考えている。だからこそ現場での撮れなかった部分についての情報をトークというかたちで観客に提示することで、撮れた部分への理解を深めてもらうことの一助になるし、それらを検証する意味で、裏話＝情報は作品の理解にとって必要不可欠であると思っている。

そんな思いから上映＋トークというプログラムには積極的に参加しているが、それでも劇場にとっては、トークは長くても一時間が限度のようなのだ。そういうときに「今日、話し足りなかったことは『製作ノート』をぜひ、読んでください」と観客に呼びかけた。だが、その「製作ノート」、話の特集社版は品切れ、社会思想社の「現代教養文庫」版は出版社が倒産して絶版、そんな事情で入手できなくなってしまったのだ。その後、何社か文庫版を出している出版社に再出版を打診したのだが実現しなかった。


そして、「神軍」公開三〇年を昨年（二〇一七年）に迎えた。心に期するところがあって昨年夏、「渋谷アップリンク」で二週間限定の「公開三〇周年記念上映」を企画した。これもチケットは毎回売り切れという嬉しいおまけ付きで終えた。

私たちの読みとしては、公開時には見たが懐かしいからもう一度見てみたい、そういう層がもっとも多く駆けつけてくれるかな、と思っていた。がそうじゃなかったのだ。初めて見ました、という若い世代が八割から九割を占めていた。

驚いた。そうなのだ。三〇年経っているということは、世代交代が進んでるということなのだ。そのことに気付いたことで俄然、元気が出てきた。故原田芳雄が言っていた。どんなに旧作であっても、初めてその作品を観る人にとっては新作である、と。

「神軍」が公開されて二年後、昭和天皇崩御。そして今、今上天皇の退位が決まった。時代はどんどん移ろっていくが、その節目節目で権力者たちは、自らの欲望を果たすため、せっかく根付こうとした戦後民主主義の動きを逆行させんとしている。

今ここにある危機を迎えているからこそ、忘れてはいけない記憶を呼び戻すために、「神軍」を再度、上映する。そのために是非とも「製作ノート」が必要なのである。

目次

増補版のための〈まえがき〉 2
『ゆきゆきて、神軍』製作ノート 原一男 7
PART1――国内篇 9
PART2――ニューギニア篇 79
採録シナリオ『ゆきゆきて、神軍』 シナリオ採録・小林佐智子 137
対談◉なぜ戦争にこだわり続けるのか――井出孫六・原一男 245
神戸の女神・奥崎謙三の妻シズミ 小林佐智子 267
老テロリスト ――その哀しき性―― 原一男 273
文庫版のための〈あとがき〉 原一男 290
増補版のための〈あとがき〉 原一男 292

本書は、『ドキュメント　ゆきゆきて、神軍』
（現代教養文庫、社会思想社）の増補版です。

『ゆきゆきて、神軍』製作ノート

原一男

PART1——国内篇

奥崎謙三との出会い

「奥崎謙三さんに直接会ってみたいんですが」

「そうか、それなら私から君たちが訪ねていくことを電話をかけておくから。それからこれを渡しなさい」

今村昌平監督は、そう言いながら、原一男君を紹介します、と書き添えて、自分の名刺をくれた。

数日前、これをやってみる気はないか、と今村監督から『田中角栄を殺すために記す』と、どぎついタイトルのついた奥崎謙三の自費出版の分厚い本を渡され、読んで、どんな人物か会ってみたくなったのだ。

昭和五十六年十二月、私は永年の相棒であり、妻であり、わが疾走プロダクションのプロデューサーである小林佐智子と、神戸へ向かった。

奥崎謙三は神戸で、中古の軽自動車とバッテリーの販売業を営んでいる。

初対面の人と会う直前に、緊張のため胸のドキドキがおきるのは常だったが、その相手が、天皇にパチンコを撃った男であれば、いつもの数倍もの胸の高鳴りを覚えていた。新神戸駅で乗ったタクシーが目的地に着いた。車から降りた私の目に最初に飛び込んできたのは、店の正面、入口の上の方に掲げられた大量の文字群だった。周囲のごくありふれた街の一角の秩序ある空気感が、ここだけは異様に渦巻いているように感じられた。

看板から視線をおろすと、一人の男が、店の前の路上で、ホースから水を流しながら自動車の床に敷くゴムシートを、タワシで洗っていた。リズミカルに体を動かし、せっせとその仕事に精を出していた。大量の文字群の異様さと、この男の所作のあまりに日常的な奇妙なコントラスト。私と小林は、ぎこちなく、その男に声をかけた。男は、

「奥崎謙三です」

と、ごく控えめな口調で、腰を深く折り曲げ、頭を下げた。

奥崎謙三のかたわらに、私たちの訪問を率直に喜んでる笑みを浮かべた女性が立っていた。

「家内です」

「どうぞ、奥へ」

と、事務室に通された。ダンボールやら、商品のバッテリーやらが積み上げられ、スチール製の事務机が一個だけの、広さは八畳間くらいだろうか、質素だが、商売がそれなりに動いているという活気が感じられる事務室だった。奥崎は、仕事を片付けてきて、丸椅子に腰かけた小林と私を相手に喋り始めた——。

この最初の出会いの時から、約五年半の時間が過ぎている、現在昭和六十二年七月、この場で奥崎謙

三が何を喋ったか、思い出すことはできない。だが事務室で話し始め、途中で、おなかがすきましたね、外で何か食べましょう、と、『ヤマザキ、天皇を撃て！』と大書した看板を取りつけた軽自動車に乗せられたが、その運転中も、そして、そば屋に入って注文の天丼がきても、箸を取り上げるのも惜し気に喋り続けたことだけは、鮮明に覚えている。話し始めはごく普通の口調だったが、たちまち、喋るほどに乗ってきて、熱をおび、そば屋ではテーブルの上の私たちの天丼の上にまで、ツバキがビュンビュン飛んでくる勢いだった。

顎の骨が極度に張って、私が今までに会った誰よりも窪眼の奥崎謙三の顔は、近接の距離から私たちをハッタと見すえて、〝立て板に水〟どころではない、滝の落下する水の勢いにも匹敵するエネルギーだった。小林と私は、ただ、ハア、へー、ふーむ、ホー、の相槌のみ。完璧に奥崎の気魄に呑み込まれていた。奥崎の激しさ以上に、話の合い間に時折見せる彼の笑顔は、不思議な魅力があった。〝ジャングルを彷徨する幽鬼のよう〟な表情が一変して、妙に人なつっこく、いたずらっぽく、優しく、愛らしく、映ったのだ。この笑い顔、俳優の野呂圭介に似ていると思った。今にして思えば、奥崎のこの笑顔にコロリと参ったのかもしれない。

夕方、辞するまで約七時間、新神戸駅まで送ってくれたが別れ際まで喋りっ放しの奥崎謙三から、やっと解放され、東京へ帰る新幹線の車内で小林も私も体はぐったり疲れていたが、気持ちは昂ぶっていた。二人のうち、どちらからともなく、面白そうだね、やってみようか、と話し始めたのだ。この時

奥崎が経営する店のシャッターには「田中角栄を殺すために記す」と大書きしてある。

から私たちの、奥崎謙三の映画はスタートしたのだった。

昭和五十七年の年が明けて、二度目、神戸を訪れた。

「やります」

と言う私たちに、奥崎は半信半疑という表情を浮かべていた。

そもそも、今回のこの映画の話、奥崎の方から今村昌平監督に自分の映画を撮ってくれないか、と望んだことだった。それが、どこでどうしたのか、眼前に現れたのは、奥崎にしてみれば何の実績もあるように思えない、若造。戸惑ってるのだ。

「原さんたちは今までに、どんな作品をお作りになってらっしゃるんですか」

と問われて、前二作『さようならCP』『極私的エロス・恋歌1974』の、簡単な説明をしたが、自主映画のドキュメンタリーのことなど知る由もなさそうな奥崎に、内容も、テーマも、たぶん伝わらないだろうと思った。

「ハアー」

と、生煮えの返事が返ってきた。

「お金はあるんですか?」

「いいえ、ありません。今はゼロです。これから作ります」

「ハアー」

これから作ります、の部分に力を込めた。一口二十万円の出資者を募ります……と、小林は懸命に、具体的にお金の作り方のプランを話した。

「そうですか、私のお金をあてにしてらっしゃったのなら、私はお金がありませんから、映画を作っていただくことを、お断りしようと思っていたんです」

少しは、本人もお金を出してくれないか、と内心思っていた私は、ヒヤッとして、

「いいえ、とんでもありません。製作資金は全部私たちが作りますから」

とあわて気味に、強調した。そうか、奥崎のお金目当ての話ではないか、と彼は警戒していたのか。

「原さんと小林さんが、ご自分のためだと思われて、映画を作っていただけるのなら、私の方も甘えてばかりはおれませんから、何とかしなくてはいけませんね」

自分の動く分のお金は自分が何とかします、と奥崎は少し明るくなった表情で言った。

何度目かの神戸訪問の、たまたま奥崎謙三の不在の時、奥さんに質問したことがあった。

「奥崎さんは、いつからあんなによく喋られるようになったんですか？」

「へえ、不動産屋さんを殺して、十年間独居房におりましたやろ。そこから出てきてからですわ。それまではね、ほとんど喋らしませんでした。もの凄う、無口でね。へえ。それがもう、あんなに、よう喋るようになってねえ。私もね、びっくりしてしもうて」

私もびっくりしたのだった。それほど極端に変わったのか、と。十年間の独居房生活は、奥崎の人格を変えてしまったのか。

クランク・イン

「私、ニューギニアへ行きたいんです」

これが奥崎謙三の希望だった。

早速、調べを開始した。奥崎の所属した独立工兵第三十六連隊の第二次大戦のニューギニアでの敗走コースは、ニューギニア島を東から西へと、つまり現在のパプア・ニューギニアからインドネシア領西イリアンへと国境をまたいでいた。パプア・ニューギニアへの入国は容易だったが、問題はインドネシア領西イリアンだった。入国はしたものの、奥崎の行きたい地域は、民族解放戦線によるゲリラ闘争が展開されて、入域を希望しても絶対に許可はおりないだろうと、現地の事情に詳しい元早大探検部のO氏が話してくれた。そもそも、西イリアンに16ミリカメラの持ち込みは二〇〇パーセント許可がおりるはずがないと保証してくれるのだった。だが奥崎達の独工三十六連隊の本隊が、昭和十九年に、一気に崩壊、四散し始めたアルソーというジャングルの中の小さな部落と、奥崎謙三が捕虜になったデムタという部落には是非行きたかったし、カメラも持ち込んで撮りたかった。始めから難問だった。ゲリラ闘争に関する私が収集した資料を奥崎に見せながら報告すると、私の困っている様子など意に介することなく言ったものだった。

「原さん、私、国境を越えます。私にとって国境なんてものは、へでもないんです。私、ゲリラと会見したいですね。戦争なんかやめろと言ってやります。人間同士殺し合うのは私の思想上、認められませんからね。ここからいよいよジャングルに入る、というところまでパプア・ニューギニアから行って、原さんに、行ってきます、と言いますから、是非その場面を撮っていただきたいですね」

こう言われて、私は焦った。

「奥崎さんがそこまでやられるつもりでしたら、私も一緒に行きますよ。奥崎さんお一人で行かせるわけにはいきません。ゲリラとの会見するシーンも撮りますよ」

第二次大戦の生き残りの兵士がゲリラと会って戦争について話すなんて面白いじゃないかと、かなり無責任に、ここで奥崎に後ろを見せるわけにもいかないという気持ちもあったし、あまりにアッケラカンとニコニコ笑顔につりこまれるように、国境を越えるなんてヤバイなあと思いつつも私も格好つけて、言ってしまったのだった。

奥崎は、ダメでもともと、一応、インドネシア大統領あてに、アルソー、デムタへの入域許可の〝直訴〟の手紙を書くと言う。その手紙をカメラに向かって読みあげるくだりを撮影することから、クランク・インをした。

〝公利公欲〟のための結婚式

「原さん、私、是非撮っていただきたいシーンがあるんですが……」

と早速、奥崎から電話がきた。仲人を頼まれたが、その結婚式を撮って欲しい、もし撮っていただけないなら、仲人を断る、撮ってくれるなら、仲人を引き受ける、と言う。

「私が仲人をやるその結婚式は、原さんに撮っていただくことによって、特別の結婚式になるんです。その結婚式を撮影してもいい、という条件なら仲人をお引き受けします、と先方にお話ししてあります。私は人類全体のことを明けても暮れても考えているんです。結婚式の式場でカメラに向かって喋らせていただく場として利用させていただくことによって、その結婚式が特別の結婚式になるんですね。結婚式というのは自分の幸福のため、言いかえますと私利私欲のためなんです。私は私利私欲のために行動したことはありません。いつも〝公利公欲〟のためなんです。ですから私が喋るということは、〝公利公欲〟のためになるわけなんです。〝公利公欲〟のための結婚式なら仲人をやります。〝公利公欲〟のための結婚式なんて、絶対ほかにはありませんよ」

これから結婚する男女の幸福を願ってのことではなく、自分の思想を述べる舞台として利用する、そんな仲人は奥崎謙三以外には、たしかにいないだろう。同時にそんな奥崎に仲人を依頼する人物に興味を抱いた。

太田垣敏和、元神大全共闘、沖縄で火炎ビンを投げて、逮捕歴一回。現在は兵庫県の中国山地の奥深い田舎で百姓をしている。もうじき四十代になろうとするが、何となく婚期が遅れていた。ある時、太田垣は、奥崎の〝文字群〟の看板にひかれて店に入り、中古の軽自動車を買った。初対面からウマがあったようだ。夜を徹して話し込んだ。太田垣は両親はいなかった。奥崎は店のシャッターの前に〝花嫁求む〟の募集広告を出した。奥崎自身、まさか反応があるとは思えなかった。が、あったのだ。年令も太田垣とほぼ同じ。しかも初婚。願ったり、叶ったり。奥崎夫妻が立ち会ってシティレストランで見合い。そしてめでたく今回の話へと、とんとんと進んできたのだ……。

面白い出会いだと思った。私は奥崎の話を聞きながら、できるだけ、美しく、撮りたいと考えていた。

最初にして、おそらく最後の仲人役をつとめる

奥崎に撮影を承諾した。奥崎の声が受話器の向こうで弾んだ。

この結婚式で撮影はしたが編集ではずした部分について。

奥崎は式辞の中で「あの『復讐するは我にあり』『ええじゃないか』で有名な今村昌平監督の紹介によります、疾走プロダクションの原監督……云々」と、のたもうたのだ。このあの有名な今村昌平監督の紹介によりますの枕詞は、このあとの、天皇誕生日でのアジテーションの中でも登場し、遠藤誠弁護士の祝辞の中でも、繰り返されたのだ。私は、この枕詞が出る度に、ああ、奥崎謙三は、無名の若造である俺なんかより、あの有名な今村昌平監督に自分の映画を撮って欲しかったんだなと思い知らされるのだった。この枕詞が一回目はまだ苦笑いで済んだが、二回、三回と度重なると、さすがに私もクサッてしまうというものだ。

奥崎の過剰なる〈演技〉

結婚式のシーンを撮ったあと、兵庫県出石町にある奥崎の母の祖先の墓参りと、兵庫県三木市にある父の祖先の墓参りとを撮って（編集の段階で不使用にした）、神戸へと帰ってきた。

その翌日、神戸拘置所へと、私たちは向かった。

「私の家の屋上に、〈独居房〉を建てよう、思うんです」

奥崎のこのアイデアに私は乗った。

不動産業者を過失致死させ、殺す気はなかったが自分のやったことは間違っていなかったと主張する奥崎に、権力は十年の独居房生活を強いたが、逆に奥崎は、この十年間の独居房生活の中で、自分のターゲットは天皇であることに開眼し、出獄後、天皇にパチンコ玉を発射し、再び独居房へUターン、ここで心身を休めると同時に思念をさらに深め、次の出獄後は〝皇室ポルノビラ〟を撒き、三たび独居房へ帰り、いっときの休息後、出獄し、今度は〝田中角栄〟をターゲットにし、これは殺人予備罪で逮捕されたが不起訴になり、それでは、とアレコレ、何を為すべきか、思いあぐねている時に、私たちに出会ったのだ。

奥崎の事件史をどう描くか、悩んでいた私は、この〈独居房〉建設のシーンは、そのとっかかりになりそうだと思えたし、〝自ら建設した〈独居房〉で奥崎、何を想う?〟図は画になるじゃないか！　空撮で捉えたいな。ついでに大阪刑務所も空撮して、現実の国家の独居房と、奥崎の建設した〈独居房〉のコントラストは、いけるかも！

この頃、奥崎は、

「私は宗教は嫌いなんですが、私の言う、宇宙、自然、神を敬う宗教っていいますか、ま、〈奥崎教〉っていいますかね、つくったろうと思ってるんです」

と、ちょっと照れ笑いの中にも本気で語っていたのを思い出して、〈奥崎教〉の社か、祭壇が〈独居房〉というのも面白いな、これはもしかしたら、ラストシーンとしていけるかも、と勝手に空想を働かせていた。

まずは、設計図を作りたいが、神戸拘置所に頼んで本物の独居房を、参考のため測らせてもらうために出かけたのだった。もちろん、その許可を求めるくだりからシュートして、独居房の中でサイズを測る奥崎をも、撮れれば撮るつもりで。まず、奥崎の車が神戸拘置所に着くくだりを撮ろう、と三脚をたてようとするやいなや、所内から数人の警備官たちが飛び出してきた。凄い勢いだった。撮影の許可をとってから撮れ、という警備官と、撮影の許可をとるくだりを撮りたい、という奥崎とで押し問答が始まった。

奥崎が警備官を怒鳴り上げるくだりを撮ったあと、神戸拘置所のロングをバックに奥崎にインタビューした。

「どうでしたか？　私の演技は」

エッ!?　あの怒りが演技なのか？　奥崎は笑いながら、さらに続けた。

「昨日、原さんたちスタッフの世話で寝不足だったでしょ。結婚式からずーっと回ってきて相当疲れもたまってましたし。イライラをぶつけるには、彼らはちょうどいい相手ですからね」

またまた、エーッ!?　彼ら警備官たちは私たちの代わりに犠牲になったのか？　たしかに私たちは、ロケの宿泊費を節約するため、というより、宿代なんか初めっから予算がなかったから、奥崎家に泊めてもらっていた。私たちスタッフを奥崎も奥さんも、もてなし、気を配ってくれた。特に奥崎の気の遣い方は並みはずれていた。そのために疲れがたまっていた、と言われればそうだろうと思うが、それが原因で警備官に怒鳴ったとすれば、私も警備官たちの威張り切った態度には憎しみもあったが、多少の同情も湧いたのだった。〝八ツ当り〟は、ま、いいとして、奥崎は、あれを〝演技〟と言ったのだ。そう言われれば……。

一人で交渉に行った奥崎の車がゆっくりと帰ってきた。私はカメラをシュートしながら奥崎を迎えた。

奥崎の目に、回ってるカメラが映る。ジーッと回るカメラは、何かが起こるのを待っているかのように、奥崎には思えたのかも。しばしの沈黙のあと、突然、奥崎が怒鳴り出したのだが、どこかしら、不自然さは感じていた。「人間なら怒ってみろ！　人間なら腹を立ててみろ！」と繰り返すテーマが、この場に似つかわしくないように、撮りながら思ったのを思い出した。その不明快さは、そうだったのか、演技の故なのか？

私は以後、この奥崎の〈演技〉にたびたび頭を悩ませられる破目になった。奥崎の、やること、なすこと、に過剰なる〈演技〉を見せつけられ、ウンザリするのだった。

警視庁パトカー特別出演

奥崎は、山田吉太郎元軍曹に、ニューギニア行きを同行して欲しいと願った。説得のため、埼玉県深谷市へ向かうことになった。

神戸の奥崎家を出発した時から、私たちの後ろを覆面パトカーが尾行していた。名神、東名ではハイウェイパトカーが、各県警ごとで交代しながら尾行がついていた。都内に入ると今度はおそらく警視庁のだろう、覆面パトカーが尾いて来ているのが認められた。この日は新宿のビジネスホテルに宿泊、スタッフは自宅へと解散した。

先輩のカメラマンの忠告が耳にこびりついていた。かつて奥崎謙三が天皇にパチンコ玉を発射し、その事件の裁判の法廷にカメラを持ち込み、奥崎を隠し撮りしたことがあったが、そのカメラマンの自宅に四六時中、張り込みがつき、どこへ出かける時も尾行された、というのだ。今回私たちが奥崎謙三の映画を撮ることを知って、警察には十分気をつけるよう言われていたのだ。率直に言って、ちょっと怖く、気味悪かった。奥崎と別れてアパートに帰って、窓から私は恐々と夜の闇をそっと透かしてみたのだった。それらしい影はなかったが、落ち着かなかった。

翌朝、集合して出発。間もなく、昨日の覆面パトカーが私たちの車の後ろにピタッと尾いてくるのが認められた。

山田吉太郎元軍曹の入院している埼玉県深谷市の赤十字病院に着いた。

〝赤十字病院に着く奥崎の車〟のカットを撮っておく必要があるなと思い、機械を準備しながら、ふとあることを思いついた。まさかOKしないだろうな、と思いつつ、ダメでもともと、怖いという気持ちがかえって挑発してやれ、というヤケクソ気味の気持ちにさせたかもしれない、奥崎に、その話を持ちかけた。

「奥崎さんの車が、赤十字病院に入っていく場面を撮りたいんですが、ついでなら警視庁のパトカーにも特別出演してもらいたいですね」

奥崎は頷いて、警視庁の覆面パトカーの方へ近寄っていった。私も少し遅れて奥崎についていった。

奥崎が、ひと言、ふた言、話す。すると聞いていた刑事、ニコッと笑ったのだ。エッ、ＯＫなの!?　いとも簡単に承知してくれたのでいささか拍子抜けしたが、わがスタッフの若い連中は大喜びで、面白がった。カメラポジションを決める。奥崎の車と覆面パトカーに、位置についてもらう。車間距離は、車のスピードは、と助監督に指示を出し、それぞれ伝えに走る。ファインダーをのぞきながら、あ、ついでなら、パトカーのピカピカ灯も点けてもらおう、と刑事に交渉するよう、助監督に走らせる。ちょっと悪ノリしすぎたかな、とチラッと後悔の念が脳裡をかすめたが、助監督がＯＫサインを出しながら戻ってくるのを見た時、ドラマのアクションシーンを撮る時の興奮状態へと、気分は一気に昂揚していた。

「ヨーイ、スタート!!」

奥崎謙三の車と覆面パトカーがカメラの前を走り抜けた。一発、ＯＫ!!

これをキッカケに、以後、刑事たちと口をきくようになり、挨拶をかわすようになった。刑事たちは奥崎に丁重に、親しみ溢れる対応をしていた。その方が情報を得られやすい、と奥崎の性格を知った上でのつき合い方のテクニックなのだろうし、奥崎の映画を撮っている私たちにも同じ理由だろうことはわかっているが、陰険な張り込みをされるよりは、一応、気が楽だというものだった。

病床の山田吉太郎元軍曹を訪問

山田吉太郎元軍曹には、この映画を製作することになり、調査のため、私はすでに数回会っていた。独工三十六連隊の行動記録をまとめたのはこの人。奥崎は山田吉太郎に人一倍親愛の情を抱いていたようだ。奥崎は終戦のほぼ一年前に捕虜となり、〝地獄のニューギニア戦線〟の、地獄に踏み込むことを免れたが、山田の方は地獄のまっ只中を一年以上もさまよいながらも生き抜いてきたのだ。

『ヤマザキ、天皇を撃て！』に描かれた奥崎謙三の生命力も凄いが、地獄の渦中からサバイバル、生きてきたこの人の生命力も強靭だった。山田と奥崎は昭和二十一年三月、シドニーから日本への引揚船の中で劇的な再会をしている。山田は小柄で温厚な人だが、自ら語るように、抜群の運動神経とカンの良さで地獄の戦場を生き抜いてきたが、戦後も、鳥や川魚を獲る技術にたけ、それで少なからず生計をたて、子供たちを大学にまで進学させたそうだ。私はこの山田の戦後も奥崎の戦後と共に、映画に取りこみたいと思っていた。正に二人の兵士の戦後の生き方は対照的であった。孤軍奮闘、たった一人で天下国家に挑む神軍平等兵と、身を粉にして働き、家族を大切にし、平和を願う市井の人と。山田の子どもや孫達に囲まれたショットを撮りたかった。このショットは必然的に映画の構成上、奥崎の対極に位置し、両者の生き方の磁場の間に、他の三十六連隊の元兵士達の戦後の生を刻みつけようと考えたのだ。

その山田吉太郎も戦後の働きづめ、無理の積み重ねだろう、体を弱めて埼玉県深谷市の赤十字病院に入院していたのだった。

奥崎、山田吉太郎を見舞い、ニューギニアへ同行して欲しい、と説得するシーンを撮影。

この説得の中で奥崎の〝天罰論〟が出た。健康そのものの奥崎が病床に伏している山田吉太郎に、

「そういうお体になられましたのは、天罰だと思うんですね」

この〝天罰〟という言葉がスタッフ内部に大きく衝撃を与えた。〝病者に対する思いやりがかけらもない〟、〝弱者に対してあまりに無神経すぎる〟、〝手前勝手な理屈〟、〝人間として許せない〟ｅｔｃ。わずか八名のスタッフ会議はケンケンゴウゴウ。私達の〝病者へは優しく、いたわりを〟のモラルを逆撫でした格好の奥崎、その一言で嫌いになったという大方の意見の中で、プロデューサーの小林が一人、

「普通、我々は病者に天罰なんて言えないが、それを言える奥崎さんという人間がとても面白いと思う」

と反論した。そんな奥崎さんだからこそ、人間っていろいろな面を持ってるんだなあ、ってことが映画の主人公として魅力的なんだと。しかし大勢は奥崎への反感がスタッフの想いを占めていた。

兵庫署警備課長を隠し撮り

「原さん、是非、撮っていただきたいシーンがあるんですが……」

と奥崎は切り出した。

「兵庫警察署の私の担当の警備課長とですね、私が話してる所を撮っていただきますとね、私がどういう人間か、映画を見て下さる方がわかると思うんですね。警察は私を四六時中見張ってるわけです。東京なんかに行く時は必ず警視庁に連絡がいって、ずーっと私服のパトカーが私に尾いてくるんです。私はいつも警察に迷惑をかけられてますからね、今度は出し抜いてやりたいんです」

「ハア、しかしどうやったら撮れますかねえ」

私には、具体的にどう撮っていいか見当がつかなかった。

「マジックミラーを、ここにとりつけますから、原さんはここから撮影して下さい」

奥崎の店の事務室のかたわらに二階へ上がる階段があってその出入口から入って、その階段と事務室は、たしかに薄い板で仕切られているだけだった。ここにマジックミラーをとりつけるという。なるほど。私のカメラポジションまで既に奥崎に決められ、自信に満ちた口調に私は自尊心を傷つけられた想いでムッとしながらも、さすがに警察慣れしている奥崎ならではのアイデアだと感心していた。たしかに予定のポジションからは奥崎と向かい合うはずの警察課長の二人が真横から捉えることができる。

「でも奥崎さん、マジックミラーって光を吸収するので暗くって、光量不足で写りませんよ。ライトをつけるわけにはいかないし……」

「じゃあ、蛍光灯を明るくしますから」

と奥崎はさらりと言ってのけた。

そして次の神戸訪問の時。奥崎は待ちかねたように私を事務室へと連れていく。マジックミラーがはめ込まれている。感心してみていると隅のスイッチを入れる。パッと蛍光灯が点灯する。まぶしい。今までより、相当に明るい。蛍光灯は全部新しいものと取り替え、しかもワット数を二倍にしたのだと奥崎の説明。私は露出計を取り出し、測光する。高感度フィルムを使用し、増感現像をしても、まだ光量不足。二絞り分、足りないのだ。ま、逆にそれがリアルな雰囲気になるかも、と考える。だが待てよ、警備課長がここを訪れるのは初めてじゃないだろう、俺だってこの明るさに、とまどったぐらいだし、まして今まで板壁だったところに突如ミラーがついていて、相手はプロだ、マジックミラーだと見破るんじゃないかなと。なお私も胸の中に不安がよぎったが、今さら撮らないとは言えなかった。

奥崎の演出としてはこうだ。まず兵庫署に電話を入れる。これから東京へ行きます、と言えば警備課長は、すぐ来ますよ、と自信満々。

いよいよ盗み撮り作戦開始。まず奥崎が兵庫署に電話をかけるところを撮影。一回目は課長が不在。一時間後に二回目。今度は居た。奥崎の読みどおり、課長はすぐにくるという。私たちスタッフはマジックミラーの裏側で息をひそめて待つ。胸がドキドキ。間もなくして課長の靴音が響いてきた。

四百フィートマガジンにつめたフィルム、時間にして十一分間を一気に回した。こと警察に関しては、奥崎謙三の独壇場だなあ、と脱帽するしかなかった。警備課長との対応の仕方も、見事な役者ぶりであった。

皇居前にて「慰霊祭」決行

天皇誕生日、東京で奥崎の慰霊行動を撮ることになった。前日の四月二十八日、神戸を出発し、渋谷のホテルに宿泊。翌二十九日の模様を、〝撮影日誌〟で再録する。（このメモを記したのは助監督の安岡。）

四月二十九日　曇時々小雨

０９：００　渋谷・東武ホテルにスタッフ集合。カメラ及び移動撮影スタンバイ後、ルームNO６３６奥崎氏の部屋にて打合わせ。

・皇居の一般参賀が、１１：００AMに打ち切られるため、最短距離で皇居に向かうこと。

・新聞社とのコンタクト、夕刊が休みのため、不在が多く、共同通信のみ連絡がとれた。

等々を確認。

私服刑事が愛想よく、奥崎氏をはじめ誰彼ともなく、コースを聞きたがる。

10:05　東武ホテル出発。奥崎氏のマークⅡのP・Aのセッティングのため、録音技師の栗林がマークⅡに乗り込む。時間が無くなってきたため、移動しながらセッティングを済ませた後、わがセドリックに戻ることに。皇居付近までスタッフのセドリックが先導し、奥崎氏が知っている道に出たあたりで、マークⅡが先行することとしていた。
私服のパトカーは、二台。
渋谷から溜池に向かってコースをとり、溜池から虎の門に入る。虎の門手前で、原が奥崎にコースの確認のため、いったん車を停車、奥崎の車に原が行き、話している側で立ち聞きしていた私服刑事、原の〝皇居〟という言葉を耳にして態度を激変。急ぎ、出発。
10:30　虎の門を左折、桜田門方向に向かったところで、マークⅡが、先導していたセドリックを追い越す。後続の私服のパトカー二台のうち、一台が猛スピードでマークⅡを抜き、制止する。私服刑事と、車中の奥崎氏とのやりとりを撮影。「どこへ行くのか」という私服刑事の詰問をはぐらかし、マークⅡ始動。
桜田通りを右折して新橋方向へ。
10:40　私服の車とマークⅡがせり合いながら新橋第一ホテル前から外堀通りへ、数寄屋橋交差点で、マークⅡが先頭。左折して晴海通りを一気に皇居方向へ。
10:45　祝田橋、桜田門を望みながら、日比谷交差点で、私服の車がマークⅡを追い越し、制止させられる。たちまち機動隊の車輌に阻止線を張られ、制服警官に包囲される。

奥崎氏は「慰霊祭」を開始。マークⅡのスピーカーから「葬送行進曲」が流れる。奥崎氏のアジテーション、始まる。栗林、マークⅡの中でそれを録音。

11：30　奥崎氏検挙される。喋るだけ喋り、喋り疲れて車を降り、警官に同行していった、という感じ。原、栗林が奥崎氏を追っかけ、撮影。安岡、大宮は制服警官に阻まれ、大宮はマークⅡに、安岡はセドリックに釘付けとなり、人定質問を受ける。高村は俯瞰撮影のため、現場を離れる。

安岡、大宮、高村は合流後、パトカーに先導されて丸の内署の脇に車輌移動させられる。

12：15　奥崎氏は取調べ中。

原、栗林も署内に同行を求められ、事情聴取を受ける。原への取調べは「あいさつ」程度であったが、栗林は奥崎氏のマークⅡに乗っていたため、調書をとられる。取調べの内容は「奥崎との共同謀議」追求を中核とするが、栗林はこれを否定。

14：05　奥崎氏解放。丸の内署玄関前で、解放後の奥崎氏の所感をインタビュー。

奥崎氏は得意満面。

今日の「慰霊行動」の成功を、スタッフに感謝する。

奥崎氏に遅れ、取り調べを終えた栗林が出る。

全員がそろい、丸の内署前を出発。私服パトカーが一台。

１４：５５　渋谷・宇田川町の日本料理屋で食事。奥崎氏、「慰霊行動」の成功を祝って全員に昼食を奢ってくれる。

１６：０５　渋谷発、神戸へ帰る奥崎氏のマークⅡを池尻の高速入口までいき、見送る。私服パトカーの刑事、「ごくろうさん」と言って引き返す。

１７：０５　疾走プロ着。

　録音の栗林がたまたま奥崎の車に乗り込んだことが、〝渦〟と〝福〟をもたらした。皇居に向かうところを日比谷交差点で制止させられた奥崎は、マークⅡから一歩も外へ出ようとしなかった。一歩でも外へ出ると即、警官たちに検挙、連行されるからだ。奥崎にとってマークⅡは、〝砦〟だった。この〝砦〟に奥崎と共にこもってしまった形の栗林は、録音技師としては、ついていたのだ。何故《なぜ》なら、スピーカーを通した奥崎のアジテーションの音はひどくて、もし車の外から録音したのでは映画の音としてはとうてい使用できなかっただろう。〝砦〟の中にいたからこそ、いい音がとれた。反面、栗林は渋谷の出発時から奥崎と一緒だったため、奥崎の〝共犯者〟と疑われた。私も取り調べられたが、私に応対した課長（？）は「奥崎さんみたいな反体制の人間ばかり撮らないで下さいよ。警察官だって立派な人間は大勢いますよ。今度、私が紹介しますから、そういう立派な人の映画を撮って下さいよ」と半分、冗談気味の簡単なものだったが、栗林は相当しつこく疑われ、後日も自宅に警察官の訪問が、事あるごとに、行われるようになった。スタッフの現場でのトラブルの責任は私が負うべきなのに、栗林に申し訳なかった。〝奥崎謙三の映画〟のスタッフは、実に、大変なのだ！

〝兄は処刑されたんです〟

こうした撮影と並行しながら元兵士達の所在地を探し、遺族を訪ね歩いていた。

奥崎謙三がアルソーという部落で、死体を埋葬した唯一の戦友、島本政行一等兵の母、イセコを山田吉太郎に借りた独工三十六連隊の名簿を頼りに探し出し、会った時のこと。小柄だが元気が良く、気さくなおばあさんだった。私の突然の訪問を心から歓迎してくれるのだった。

「昨日、政行の夢を見たんじゃ。きっとあなたが今日来られるちゅうことを知らせてくれたんじゃ」

もう何年も息子の夢を見なかったのに、不思議じゃ、と語るイセコは優しかった。

吉沢徹之助一等兵の妹、崎本倫子を千葉県船橋市に訪ねた時も同じことを言われた。

「昨日、お兄ちゃんの夢を見ました。もう何年も見ていなかったのに。今日、原さんがいらっしゃることを兄が教えてくれたんですね」

私は崎本倫子を訪問した時点で二人の兵士が中隊長によって銃殺された事件を、ある程度つかんでい

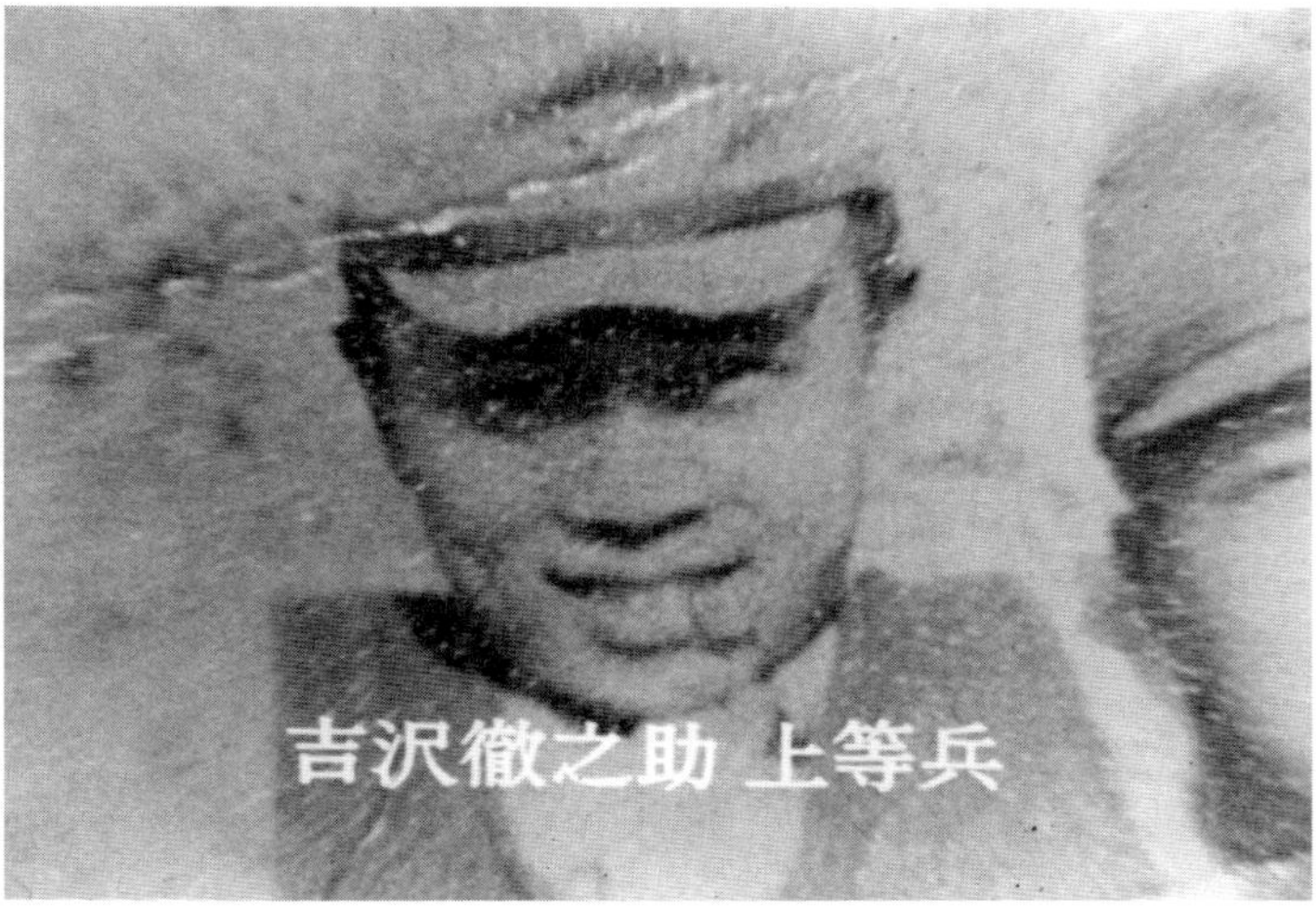

処刑された吉沢徹之助さん

た。だが、調査をまだ続けている段階だったし、まだ会っていない関係者も多数残っていた。崎本倫子は兄、徹之助の死を〝戦病死〟と聞かされていた。まずは、その〝戦病死〟の模様を聞いてみようと訪ねたのだ。

崎本倫子は土御門神道の巫女だった。私の質問に答えながら、何かに気づいたのだ。何故、今になって兄の死について知りたいのか、と逆に質問された。私は口ごもりながら、もしかすると、吉沢徹之助さんは戦病死ではないかもしれない。もっと調べてみないとはっきりしたことは言えません、と答えるのが精いっぱいだった。しばらくの沈黙のあと、

「わかりました。私、神様にお伺いしてみます」

神様は何とおっしゃるだろうか、撮影を許可

していただく。明日にでもお伺いするとのこと。急ぎ機材を準備する。その翌日、

『昭和二十年九月頃、東部ニューギニアにて死亡せる兄、吉沢徹之助の死因について、お教え下さる事を祈禱す』

と、崎本倫子は命題を書き、神殿へと入っていった。私も一緒に神様にお願いして欲しいと言われる。崎本倫子に習って拍手を打ち、頭を伏す。崎本倫子の神様にお伺いをする声が響いてくる応接間で待つこと一時間。神殿から出てくる姿からカメラでフォローし、崎本倫子の口から出る神様の言葉を待つ。

「兄は処刑されたんです」

私の身体に軽い戦慄が走った。はっきりと〝処刑〟と神様が断定なさったのだ。原因は？　と問う。

「食べ物のことです。兄たちが邪魔になったんです」

私はなおも処刑事件を調べて回るうちに、死者達が、〝この世〟に出たがっている、と想えてきた。〝この世〟が、死者達の死の状況を凝視するよう、私を衝き動かしている力を感じていた。こんな想いを抱くのは私にとって初めての体験であった。

元分隊長高見実を訪問

いよいよ〝処刑事件〟の撮影に入ることになった。私の取材とは別に奥崎自身も戦後間もなく大阪の

街で、分隊長だった高見実と偶然再会し、世間話の一つとして、中隊長が部下を射殺したことを聞いていた。奥崎と相談し、まずはその分隊長から訪ねることにした。

行くぞ、とスタッフに声をかける。下っ腹に力をこめる。ヨシッ、と自分自身に号令をかける。相手との事前の連絡はとっていない。突然の訪問をするのだ。しかもカメラを回しながら、だ。相手側からすれば、迷惑この上ないことなのだ。死者達の被った迷惑の方がはるかに大きい、と奥崎は言うだろう。奥崎の論理は納得できる。だがそれは奥崎だから成立する論理だ。しかし私に、処刑事件の関係者だからといって、元兵士達の〝生活〟を突如ぶち破る論理があるだろうか。胸が痛む。いや、もっと正確に言うと〝怖い〟のだ。何か、とんでもないことをしでかそうとする時の、〝おびえ〟があった。

ザッザッザッとリズミカルな音が伝わってくる。高見家に通じる小道の砂利を、奥崎の革靴が踏みしめて行く。その後ろ姿をフォローしながら追う。フレームのはじっこに人影が見えてきた。誰か？　高見らしい。高見さんですか？　と奥崎が声をかける。ややあって驚きの表情が顔中に広がる高見実――。

高見実は奥崎謙三のかつての分隊長だった人。奥崎に対して、分隊長だからといって威張ることはもちろんないけれど、逆に過剰なくらいの卑下に満ちた態度。この人が奥崎謙三を一度だけ「先生」と呼んだのだ。この一回きりのセリフを取り逃してしまった。シンクロ撮影においては、カメラマンとしては画をとるというより、話をとるのだ。重要と思われる話のセンテンスを丸ごと、カメラも録音機と共に回さなくては意味がない。回しっ放しにすればいいのだろうが、フィルムは高価であるが故に無理。

処刑事件を追及する

論理的に語られる話ならシュートする部分をある程度、予測し、選択できる。だが、短く、ボンと放たれるセリフは事前に察知してシュートすることはかなり難しいことだ。チクショー！

ここにいざ乗り込む前の、自身の内部でのモラルを問うせめぎ合いはどこに？ いったんカメラを回し始めるや、相手の急所を窺い、いいカットが撮れたと悦び、取り逃したと口惜しがるわが映画屋根性!?

奥崎、妹尾幸男を殴る

「これから公民館へ行って行事もあるから」と言って、バストサイズで捉えていたファインダーの中の妹尾幸男が立ち上がった。私はサイズを変えるため、いったんカメラのスイッチを切った。

「挨拶したらどうだ、貴様、来いっ！」

大声で言いながら奥崎は居間に踏み込む。私はあわててズームレンズのサイズを広角いっぱいに修正して、とにかくシュートする。ファインダーで捉えた時は、奥崎が妹尾幸男につかみかかる所だった。ワーッ、私は頭の中で叫んでいた。ファインダーに接している右眼に全神経を集中する。妹尾家の中は暗かった。16ミリカメラのファインダーは小さいし、苛立ちがつのる。もつれ合って倒れ、奥崎は妹尾を組み敷いている。何故奥崎は怒り出したのか？

一瞬疑問がよぎった。奥崎がこぶしをふり上げ、妹尾を殴る。一発、二発。また一発。妹尾の奥さんが必死に奥崎の片手をつかみ、防いでいる。助監督の安岡が目でどうします？　と問いかけてくる。手を出すなっ、私も目で答える。回し続けるしかない。そう思っていた。事態がどう展開していくか？現実の時間の長さは、それほど経過していなかったのだろうが、こうした修羅場での時間はえらく長く感じる。近所の人が駆けつけて来た。焦る奥崎。形勢逆転。ここで長かったロールがアウトした。急いでマガジンチェンジをする。再びシュート。妹尾夫婦と近所の人の四人がかりで奥崎は完全にねじ伏せられている。

「おいっ、ヤメロ、オレがやられてるじゃないか、ヤメロって言うんだ!!」

カメラに向かって奥崎が叫ぶ。この叫びがそれほど切実なものとは、この時はわからなかった。後で奥崎が言うには、ネクタイを締めつけられていたという。殺されるかと思った、かろうじてネクタイと首の間に指を入れていたから死なずにすんだんだ、とも。しかし部屋の中は暗かったし、小さなファインダーを通して見る限りは、奥崎の命の危機はわからなかった。私はなおもカメラを回し続けた。助けを呼ぶ奥崎。私は迷った。助けにいくべきか、否か。安岡が今度は私の耳元に声を出して聞いて来た。どうします？　もうちょっと待て、と答える。よし、奥崎の助けをもう一回捉えたら、と心の中で思い決める。更に悲痛な奥崎の叫び。捉えたな!!　もういいだろう。安岡に助けにいってやってくれ、と言う。私はファインダーの中に安岡が入ってくるのを確認して、スイッチをカットした。そして玄関口から回り込んで居間へと近づいた。揉み合いはやんで、奥崎は坐っていた。

「奥崎さん、大丈夫ですか？」

我ながら間の抜けたセリフとは思いつつ声をかけた。その途端、凄い大音声で一喝をくらった。

「バカヤロー、オレは殺されるところだったんだぞ!!」

そのド迫力に、私の身体はすくみ上がった。強烈だった。完膚なきまでに私を打ちのめした。次の瞬間、急激に体の力が萎えてしまったのだ。本当に、立っている力が抜けてしまって、その場にヘナヘナと坐り込んでしまった。奥崎の矛先はまた、妹尾たちへ向いたが、私は混乱していた。もうじき警察がかけつけてくるだろう。撮らなくてはいけない。だが力が抜けてしまって、カメラを持っているのもシンドイくらいだった。私は撮影助手の高村に、悪いけど、もうじき警察がくるから回してくれ、とだらしなくも頼む始末。間もなくかけつけたパトカー。警官とやり合う奥崎。取り巻く近所の人達。私は呆然と見守るだけだった。奥崎がパトカーの中で刑事に事情聴取を受ける頃、なんとか、気をとり直し、自分でカメラを回し始めた。

〝覆水、盆に返せる〟

この日の夕方、とりあえず民宿に落ち着き、私は奥崎に呼ばれて部屋へ行った。

「原さん、この映画は、もうやめましょう」

ショックだった。

「私が妹尾幸男にやられとっても、平気で撮影なさってる方とは一緒に行動できません。私はあの時、本当に命が危なかったんですよ。私はニューギニアでも死なずに生きて帰ったんです。それが今日、死ぬかも知れなかったんですよ。原さんは人の命が危ない時も撮影なさっていてカメラマンとしては立派だな、と感心しました。しかしカメラマンとしては立派でも、人間として、原さんはダメな方だと思うんです!!」

奥崎は、喋りながら次第に激昂してきた。私の頭の中は、もうこれでこの映画は終わりだという絶望感が渦を巻いていた。今まで借りた金はどうやって返そうか。相棒の小林の顔が浮かび、申し訳ない、と謝っていた。

「私に妹尾幸男が馬乗りになっている時に、まあまあ、と止めに入ってきて欲しかったんです。第一、この映画の主人公は私ですよ。私が御本尊なんですよ。その御本尊がやられてるシーンなんて格好悪くて映画をみる人は喜んでくれませんよ」

格好いいところだけを撮れということか、この言い分にはムッときた。上っつらの格好良さだけなんか誰が撮ってやるか、そんな安っぽいヒーロー映画をつくれるか。あなたがやっつけられたからいいんじゃないか。トータルでみてくれよ。大いに反論があった。が、今言っても火に油をそそぐだけ。私は黙っていた。奥崎にすれば、私が信頼を裏切った、ということになるのだろうし、更に、格好悪いところを撮られたという屈辱感が我慢できないのだろう、と思うしかなかった。私は謝った。全面的に奥崎の言い分を認めたわけではなかったが、こんなにも怒らせてしまったことについては謝るしかなかった。情無さに悔しさ、無力感、それらの想いがごっちゃになって、涙が溢れてきた。

成行きを心配して待っているスタッフの部屋に戻って、奥崎の〝結論〟を伝える。私はスタッフに申し訳なかった。東京に帰って考えようよ、と録音技師の栗林の言葉があたたかく、ありがたかった。

スタッフは夜食をとりに外へ出て、私は一人で部屋にいた。ぐったり疲れていた。そこへ奥崎が一緒に食事に行きましょうと誘いにきた。ハイ、と素直に応じ、同行した。

「覆水、盆に返らず、という言葉がありますが、私は覆水、盆に返せる、と思うんですね」

エッ？　何のこと？　私は奥崎が何を言い出すか、見当がつかなかった。

「先ほど、原さんが素直に謝っていただいたんでね、私のこだわりはなくなりました」

キツネにつままれたみたい、というのはこんな時に言うのだろう、映画を続行しよう、と言うのだ。

私は啞然としていた。そして同時に安堵もしていた。

幻の「島根殺人未遂事件篇」

この件はこれで終わったわけではなかった。戦友たちの墓参りのくだりを撮り、その日のスケジュールをこなし、東京へ帰ったあとも尾を引いた。数日後、神戸から電話がかかってきた。

「私、妹尾幸男を〝殺人未遂事件〟で告訴しようと思うんです。それであの場面のフィルムを、もちろんコピーでけっこうですが、裁判所に証拠として出していただきたいんです」

殺人未遂とは大げさな、と思ったが、それほど屈辱感が大きかったんだと納得はしたものの、しつこさにあきれてもいた。しかし、ラッシュとはいえ、フィルムを裁判所になど提出するのは絶対承服できなかった。即座に断った。奥崎は怒った。そして、言った。

「映画は、もう、これでやめます」

再び数日後、神戸から電話があった。

「今まで撮影した分を、『島根殺人未遂事件篇』として編集していただけませんか。そのフィルムを持って島根に行きたいんです」

返す言葉もなかった。〝首をしめられた屈辱感〟に、まだ、こだわっているのか。しかし何と言われても私はフィルムを、そんな中途半端な形で編集することは、嫌だった。やはり、この申し出を断るしかなかった。

さらに数日後、

「映画がタメだったら、芝居の劇団でもいいんです。私の車に『島根殺人未遂事件』と書いた看板をつくってですね、島根に行きたいんです」

今度は、芝居の劇団をつくって、という。いったい、何なんだ!? どんな芝居を打つつもりなのか?

奥崎は、続けて言った。

「島根国体で天皇が島根に来るって、聞いたんです。私、天皇に少しでも近づきたいんです。しかし、どうせ途中でとめられるでしょうけど」

私は絶句した。天皇に近づきたい、というのは新しい要求だったが、どうせ近づけないだろうと、奥崎は自分でも言ってるし、近づいて何をするつもりなのか。単なる思いつき、としか思えなかった。それにしても、島根にもう一度行きたい、とこだわり続ける奥崎のエネルギーは、尋常ではなかった。

今は、まずこの映画の骨格となるべき〝戦争〟を撮ること。それ以外の寄り道を、私はしたくなかった。

思いつきモーニングコール

話は前後するが、奥崎の電話のことを書いておきたい。映画をつくる、と決めた直後から私達は奥崎の電話攻撃に曝《さら》された。電話がかかってくる時間が朝早いのだ。だいたい午前六時。奥崎は、朝、目覚めた時にパッとアイデアが閃くとのこと。即、神戸から東京の私達のところへ電話をかけてくるのだ。この〝思いつきモーニングコール〟は、奥崎のヤル気の表明だから歓迎すべきことなのだろうが、それにしても頻度が尋常ではなかった。それと一回の通話時間が長い。最低一時間はかかる。思いついた内容。それがどれだけ重要か、そのもっている意味の全面展開。こちらは受話器を耳にあて、ひたすら、耐えるのみ。奥崎謙三にとって、その瞬間、自分が考え、話しているそのことが大事なのだ。自分が話したいから電話ででも話す。こっちだって生身の体、眠い時だってある、そんな時は相槌の打ち方もぞんざいになってくる。すると、すかさず、眠いんですか、眠いのは緊張がたりないからだと責められるので油断できない。やっと受話器をおいた時は受話器を耳に押しあてているために耳が痛さでジーンとシビれていることもたびたびだった。

〝思いつきモーニングコール〟の内容は、実に多岐にわたって、よくこれだけ思いつくもんだと感心させられることが多かった。そのうちのいくつか――。

○田中角栄邸の前で、以前、奥崎は夫婦で記念撮影をしたんだそうな。その時、田中角栄の表札が汚れていた、とのこと。その「汚れをきれいにしてあげたいんです。その私の行動を撮っていただけませんか」

○私の天皇パチンコ事件はパロディだとある人が私に言って下さったんです。私、もう一度、パロディをやりたいんです。皇居の前で天皇の写真を等身大に大きく伸ばしたパネルをつくって、その写真に、私、パチンコを撃ちたいんです。その行動を撮っていただきたいんですがネ。

○中核派と革マル派の委員長に、私、会いたいんです。対談をしたいんです。原さん、委員長に奥崎謙三と対談するように説得してくれませんか。

○ある子どもの誘拐事件で、子どもが犯人に殺され、母親が犯人を死刑にしてくれって言ってるのを新聞で読んだんですが、私、その母親に会って言ってやりたいんです。犯人を死刑にしろって言うのは間違ってます、と。私には死刑という国家の暴力は認められないんですね。その母親に言ってやる場面を撮っていただきたいんですがね。

○（〝教科書問題〟で坂田文部大臣が新聞紙上をにぎわしている頃のこと）私、文部大臣の車に私の車をぶつけようと思うんです。原さん、文部大臣の車がいつどこを通るかを調べてくれませんかね。それで車をぶつける場面を撮っていただけませんか。

○靖国神社で慰霊祭があるんです。私、その慰霊祭に殴り込みをしようと思うんです。私が自分で武器を初めっから持っとったら近づけませんから、妻に花束を持たせといて、その中にドスを隠しといて、近づいたら妻からドスを受けとって一気に殴り込むんです。その行動を撮っていただけませんかね。

奥崎の言ってくることは私たちにとって意表をつくことばかり。冗談としか思われないアイデアもあったが、中には、これは絶対やるべきだ、ヤバイけど撮ろう、と覚悟を決めたアイデアもある。緊急スタッフ会議を招集してケンケンゴウゴウ、こちらの考えを整理して、さて次の電話で答えようと構えているとその時はすでに、前回言ったアイデアは忘れたかのように、次のアイデアを夢中で喋り続けるのだった。

この〝思いつきモーニングコール〟最初のうちこそ、考える時間を下さい、という私の対応に何も言わなかったが、次第に奥崎は苛立ちを見せ始めた。何をそんなに、お考えになるんですか？　とあきれたように私を非難した。次いで、私は原さん自身のお気持ちを知りたいんです。それを撮っていただく、いただかないのは二の次なんです、と責めてきたが、これは奥崎の詭弁だった。つまり、奥崎のアイデアに、いいですね、と言うと即、撮りましょう、になるし、否定的なことを言おうものなら、原さんは私を全然理解していらっしゃらないですネと責められる。それと、撮影の方も処刑事件篇に入ってくると、アレコレ撮る時間と金の余裕もなかったし、まず〝戦争〟をきちっとおさえたかったし、寄り道はしたくなかった。しかし奥崎は違った。何か、コトを起こしたがっていたのだ。この奥崎と私のズレはますます大きくなっていった。

「私の行動、判断は正しいんです。正しいからこそ、私はニューギニアから生きて帰れたんです。判断は私がしますから、原さんはついてくればいいんです。私は行動者です。原さんは語り部でしょう。語り部は黙って行動者を撮って下さればいいんです」

中盤になる頃、奥崎は私に対して、命令口調になることが多くなった。私はその命令口調に対し、フラストレーションが蓄積していった。

〝神軍の捕虜〟浜口政一

浜口政一のくだりで、とりたかったな、と今でも悔やむセリフが一つある。物理的には、不可能に近い条件ということはわかってはいるのだが。

奥崎謙三、浜口政一を挑発して首尾よく外へ連れ出し、別の舞台へタクシーで移動することになった。浜口政一、崎本倫子、野村寿也らが一グループで、私は奥崎謙三と録音技師の栗林と一緒にタクシーに乗り込んだ。夜の街を突っ走って、奥崎の目当ての旅館に向かっていた。私たちの車のすぐ前を浜口らを乗せたタクシーが走っていた。奥崎は前方に目線をやりながら私に嬉しそうに言ったのだ。

「浜口政一は、神軍の捕虜ですね」

　このセリフは、とりたかった。演出兼カメラマンの私も録音技師も同乗しておきながら、とれなかった。ふっと、出たセリフだからだ。私はこのセリフ、欲しいと思った。こんな時、どうするか？　よく使う手はもう一度、そっくり同じことを喋ってもらうことだ。だがこの手は奥崎には使いたくなかった。なぜなら二度目は演技が過剰になるから。次の機会を待つしかなかった。しかし、とうとう、最後までこのセリフは出なかった。


　浜口政一のくだりの撮影終了後、奥崎の奢りで晩餐となった。別室に膳を運ばせてあった。その膳もかなり、豪華な料理が並べてあった。

　たった今、人肉を食ったことをあっけらかんと話した浜口と、激しく追及した崎本、野村の二人の遺族、奥崎夫婦、この撮影の応援にきていた奥崎の支援者の中川、太田垣の顔々が、奥崎の音頭で、

「御苦労様でした。今日はありがとうございました」

と、にこやかに乾杯する図は、何ともいえない奇妙なものだった。劇映画の地方ロケで、宿の夕食の時、役者、スタッフが揃っての、オツカレサマと言って乾杯する図と、全く同じ雰囲気だった。私はシラケた気持ちでこの場を撮った。（最終的には、編集ではずしたが）奥崎が浜口にビールを注ぐ、カメラに向かってテレる浜口、ついさっきのエキサイティングした光景は何だったのか？　役者たちが大熱

演をしたってわけなのか!?

実は、ある意味では、全くそのとおりだったのだ。奥崎は、この浜口のくだりの撮影の前に、リハーサルをやっていたのだ。

奥崎は奥さんと支援者の中川を同行して、事前に、浜口の店を訪れた。そして、いろいろと話し込んだ。奥崎にしてみれば、原利夫のところでのらりくらりと応対されたことに懲りてか、或いはカメラが回ってる前で言い逃れをさせないための事前調査のためなのか。今日の撮影とほぼ同じ内容をすでに語り合っている。その上で、奥崎は今日の撮影に臨んだ。

その事を後で知った時、合点がいった。浜口を遺族の二人が執拗に追及しているのに奥崎が精彩をなくして黙り込んでしまったことが。つまり、浜口を〝神軍の捕虜〟として連れ出すことには燃えたが、奥崎にとっては、既に知ってしまっている追及劇には、さすがに興味を失ってしまっていた、というわけだ。

奥崎はこの頃になると、私に演出されることを、嫌がっていた。

「原さんが私を演出するなんて、私に言わせれば十年、早いってんですネ!」

と幾度となく言われていた。だから私が事前に知ってるなら、奥崎は自分だって事前に調べた上で臨もう、と考えたのだろう。それもいいだろう、と私は思うが、浜口政一の追及の場でこそ、もっと頑張って欲しかったのに、結果は裏目に出てしまったじゃないか。

〝古清水を殺そうと思うんです〟

奥崎がラッシュを見せて欲しいと言ってきた。見せたくなかった。見せると、何かとんでもないことを言い出すような気がしたし、過剰な〈演技〉が更にUPするような危惧もあった。しかし、見せないわけにはいかない。

遠藤誠弁護士の事務所を借りた。会川利一、原利夫、それに妹尾幸男のくだりを見せた。もっと見たい、と言う。翌日の夜、奥崎の支援者の自宅を借り、映写機を持ち込んだ。奥崎の祖先の墓参りのくだりと、結婚のシーンを見せた。

カラカラと映写機のリールの回転音が響く。和室の壁に白い紙を貼っただけのインスタントスクリーン。奥崎は画面を食い入るように見つめている。約一時間の試写が終わった。

「いやあ、素晴らしいですね。感激しましたよ」

結婚式のシーンが特に気に入った様子。相好をすっかり崩し、野呂圭介に似た笑顔を満面に浮かべていた。

「今まで、原さんを何回も怒鳴ったりしましたけど、どうか勘弁して下さい」

と、深々と頭を下げた。私としては、今しがた映した分が特にいいとも思っていないので、こんなに喜ばれて、かえって面映《おもは》ゆかった。

「もう二度と、映画をやめる、なんて絶対言いませんから」

と、続ける。映画をやめると言わないなんて信じられない、と思いながら、

「いいえ、とんでもありません。私が気に入らなかったら、いつでもやめる、とおっしゃって下さい」

と精いっぱいの皮肉を込めたが、嬉しさいっぱいの奥崎には全然効き目はなかった。神戸の妻にも、素晴らしい、と教えてやります、と電話をかけに行った。映写機を片付け、引き上げる仕度をしていると、奥崎、戻ってきて、原さん、ちょっとお話があるんですが、と別室に誘った。電気こたつをはさんで、奥崎と私は向かい合った。

奥崎は私の眼を射るように、眼光を光らせた。いつもと違う厳しさが漲《みなぎ》っている。口を横一文字にキッと力を込める。攻撃の構えだ。SFX映画で悪魔や怪物が目から青白い光線を発射し、相手を威嚇、攻撃、破壊するシーンがよく登場するが、奥崎と向かい合っている私の実感は、まさにアレなのだ。奥崎はぐっと身を乗り出した。奥崎の顔と私の顔の距離は、五十センチも離れていなかった。窪眼の奥の光が、さらに鋭さを増した。

「私は古清水を殺そうと思うんです」

これだけ言うと、いったん言葉を切って黙った。私の反応を探っているのだ。私は絶句したまま、返す言葉などあるはずもなかった。奥崎は続けた。

「古清水を殺す場面を、原さんに撮影していただきたいんです」

私はすくみ上った。奥崎の眼光に必死に耐えた。頭は空っぽ、何が何だかわからない状態だった。

「そんなシーンは、今までの映画に絶対ありませんよ。古清水を殺す場面を原さんに撮っていただくことは、私から原さんへの最高のプレゼントだと思ってるんです」

カメラが欲しい、と私は痛切に思った。今日はラッシュを見せるだけだからと、カメラは持って来なかった。激しい後悔の念が渦巻いた。今の奥崎の話を、顔を、撮りたい、撮らなくてはいけない、焦ったがどうにもならなかった。

奥崎が古清水を殺すことの是非、その殺しを撮ることの是非、いろんなことが頭の中で乱反射を起こしていた。奥崎はピストル片手に乗り込むのか？　姿を現す古清水元中隊長、次の瞬間、惨劇が発生、オレはカメラを回せるのか？　画は別にして、音はどうする？　スタッフはついてきてくれるだろうか？　いや、スタッフは巻き込んではいけない、すぐ警察が駆けつけてくるだろう、フィルムは証拠として押収されるだろう、オレも共犯として逮捕されるかもしれない、逮捕はいいとしても、フィルムは守り切れるか、いろんなシーンが浮かんでは消え、また、脳裡をかすめる。

「今、話したことを私は絶対喋りませんから、原さんも聞かなかったことにして下さい。で、どうですか、撮っていただけませんか」

聞いてなかったことにして、偶然撮ったことにして、と奥崎は言うが、こんな重大なことを聞いてしまった以上、予想されるあらゆる質問の場で、私は聞いていませんでした、と押し通す自信は全くなかった。

とにかく、この場をどう収拾するか？　大混乱をきたしている頭の中で、懸命に考える。奥崎の〝殺しを撮って欲しい〟という喋りは、何とか撮れないだろうか？　もう一度、機会がないだろうか。奥崎のしつこさからすると、あと一度は、オレを口説くかもしれない。その時だ。その時はカメラを回せる。ワンモアチャンスを狙うためには、この場は断った方がいい。よし、断ろう。もう一度のチャンスを待とう。その間に、オレは殺しの場面を撮ることのOKをするかどうか、よーく考えてみよう……。やっとの思いで方針を探り出した私は、おずおずと奥崎に言葉を返した。

「奥崎さん、私、怖いです、撮れる自信はありません」

私の体は小刻みに震えていた。震えをとめようとしたが、とまらなかった。

奥崎は私の返事を聞いて、アーッ、と落胆の声を露骨にあげ、頭を抱え込んでしまった。

「原さんは、本当に、ダメな方ですねー」

私は、ただ、押し黙っていた。

「原さんぐらいの技術を持ったカメラマンはざらにおりますよ。原さんが特別素晴らしい技術を持ってるわけじゃないでしょ」

自分が撮らせてやってる、と言わんばかりの口調だ。自分の技術の未熟さは自分が一番よく知ってる。

しかし映画っていうやつは、技術じゃない、と思っている私は、それでは素晴らしい技術を持っている奴であなたの映画をつくろうとした人間が今までにいたのか？　と言ってやりたかった。

「私、もう二度と映画をやめる、とは言わないと言いましたが撤回します。この映画はなかったことにしましょう。金輪際、映画をやめます。今まで撮影したフィルムはきれいさっぱり、全部焼いて下さい！」

吐き捨てるように言った。

私はこの場から一刻も早く去りたかった。急いで帰り仕度をしていると、今はもう普段の表情に戻っている奥崎が、

「原さん、どうですか、私と一緒にここに泊まりませんか。古清水の殺しの場面を撮ってくれと、もう二度と言いませんから」

と引き留めるのだった。奥崎は、今晩はここで泊めてもらう約束になっていた。冗談じゃない。枕を並べてフトンの中で、今度は下手から出てくるに違いないだろうし、ジワジワと、延々と責められたらたまったもんじゃない。帰ります、と言い張る私を奥崎はなおも執拗に引き留めようとしたが、強引に振り切って、外へ出た。夜中の三時すぎだった。助監督の大宮が待っていてくれた。のどがカラカラに乾いていた。ビールでも飲もう、と深夜営業の中華料理店に入った。かいつまんでいきさつを話した。大宮も、さぞびっくりしただろうが、黙って私の話を聞いていた。

「奥崎さんもアホだよな。オレに撮らせたかったら、オレに話なんかしないで、現場へいっていきなり殺っちゃえばいいんだよ。そうすりゃあオレは、結果として、無我夢中で撮ってしまうと思うよ」

大宮に呟くように言った言葉だったが、言ってから私は自分の言葉に、ギョッとした。オレは、殺しの現場を撮る気はあるのか!?

大宮と別れて、すでに夜が白々と明け始めた街を、家へ向けてタクシーを飛ばした。窓越しに流れる風景に眼をやりながら、想いを巡らせた。

怖い、撮れる自信はない、とオレは奥崎に答えた。怖い、という気持ちは正直な気持ちだ。本当に、怖いと思う。そりゃあそうだろう。元兵士たちの家へ乗り込んでいく度に、怖さを味わっているのに、それが殺人という修羅場の最高の極みの現場へなど、どうして平気で乗り込めるものか!!

修羅場を踏めば踏むほど自分自身が鍛えられていって、タフな神経になっていったか!? 否だ。増々、臆病になっていくのだ。修羅場慣れなど、ありはしないのだ。実感としてはそうだ。だがあえていえば、必要な修羅場なら、自分自身が納得のいく修羅場なら、怖くたって、踏み込まなくてはいけないと思う。怖くて、撮れる自信がない、と答えたけれど、怖いからこそ、撮るべきである、と考えることもあるのだ。臆病だからこそ、その臆病さを何とかしなくてはと、必死に頑張る。撮るべきだと思っていても、やっぱり撮れないこともある。この自分自身を問いつめていく作業こそが、ドキュメンタリーだとも思う。問題は、オレ自身が納得できるかどうかにかかってくる。私の、怖いの一言で、奥崎は、ダメな人、だらしがない、と断じたが、そう思われたのは、それはそれでいいとして、私は奥崎に半分しか答えていない、と思うのだった。

家へ着くと、詳しく事のいきさつを小林に話した。

「私はイヤだわ。殺しの場面なんか撮りたくないわ。考えるだけでもおぞましい。奥崎さんは、おかしいよ。何かにとり憑かれてるよ。私は原さんが撮るかもしれない、と悩んでるのが信じられないわ。原さんが殺しの場面を撮るというんだったら、私はこの映画からおりるわ」

小林は、はっきりと拒絶を表明した。しかし私は、撮るかもしれない、という気持ちを否定し切れていなかった。何故そんな場面を撮らなくてはいけないの？　この映画にそんなシーンが必要なの？　と小林に問われて、私は答えられなかった。

い、い、い、か、い、か、もし、撮ったらどうなるか？　を検討しようと小林を強引に説得した。不承不承ながら、彼女は頷いた。

まず弁護士に相談した。撮影したフィルムはどうなるんでしょうか？　証拠として提出させられますか？　私は共犯者として逮捕されますか？　映画は上映できますか？　矢継ぎ早の質問に、そうですね、そういった事例は今までにありませんから、実際に裁判になってみないと、どうとも言えませんね。弁護士が私の質問に、大丈夫です、とも言えないだろうし、かといって三十分の相談時間では軽々しく、何々の罪になりますともいえないのだろうが、じれったさしか残らなかった。

今村昌平監督にも相談した。

「人を殺して、血のしたたるドスを持った奥崎謙三の映像を撮ったって、何の意味もないと思う」

他にも、心の許せる先輩、友人に相談したが、結局は自分自身が答えを導き出すしかない、という当然の思いを深くしただけだった。

数日後、小林が、

「私、奥崎さんと会ってみる。奥崎さんに殺人なんかして欲しくない、という私の気持ちを話したいから」

と言い出した。

二人で神戸へ向かった。カメラを持っていくかどうか、随分悩んだ。殺しを撮ってくれ、という奥崎は撮りたかったが、今回カメラを持っていって撮ったとしても、妙にねじくれたものにしかならない気がしたのだ。結局、カメラは持たなかった。神戸には夕方着いた。仕事を終えた奥崎と向かい合ったのは七時すぎだった。

古清水を殺すのは憎しみからではなく、理性だ、自分の行為は絶対正しい。殺しの場面を撮らせてあげよう、というのは今まで原さんや小林さんが自分によくしてくれたお礼の気持ちだということ……、淡々と、だが、四時間、五時間、六時間と倦みもせず繰り返し続けるのだった。

いつもはおとなしく聞き役に回ることが多かった小林が反論した。

「私は今までは奥崎さんの発想や、行為がみんな好きでした。それは普通の人が考えも及ばなかったアイデアだったし、どこかユーモアがあったでしょう!?古清水さんの殺人のシーンは凄惨な感じしかしません。私は奥崎さんに人なんか殺して欲しくありません!!」

小林の声は涙声になっていた。かたわらでやりとりを見守っていた奥さんに向かって、

「奥さんは、奥崎さんが古清水さんを殺そうとおっしゃってるのを、どうしてとめないんですか？平気なんですか？」

ほとんど悲鳴に近い声を出して、ボロボロ涙を流して泣き出してしまった。女性に泣かれるのは弱いのだろう、奥崎は困ったような、うんざりしたような表情をしていた。

夜中の三時だったが、私は小林に帰ろう、と言った。奥崎は、まだ新幹線は走ってないからと引き留めたが、適当に時間をつぶしますから、と断るとそれ以上はとめなかった。小林と私は、ふらふらと人影のない夜の神戸を歩いた。小林は押し黙ったままだった。小林は自分の意見を主張した、だが、私は、ただ黙って成り行きを見ていただけだった。今度は私が結論を出すべきだと考え続けていた。

小林と奥崎のことについてあれこれ話していた時のこと。ハタと気がついた。気がついてギョッとしたのだ。オレたちが今、撮ってる相手は、犯罪者だったんだ！　しかも、確信犯！　迂闊にも私は奥崎

謙三を犯罪者なんだという意識を今までもったことがなかったのだ。〝殺人・暴行・猥褻図画頒布、前科三犯、奥崎謙三〟とリフレインする現場に居合わせておきながら、だ。何というアホなんだ、オレは。甘いんだよ。奥崎を犯罪者だとの認識を新たにしたからといって、明日からの関わり方が変わるわけではなかったが、腹をくくり直さなければいけないな、と思ったものだった。容易ならざる人物を相手にしてるんだ、オレたちは！

〝撮ったフィルム、全部燃やしてしまえ！〟

処刑事件も、八二年の暮もおしつまって浜口政一、丸山太郎と回って、崎本倫子、野村寿也の遺族と私達スタッフは、神戸の宿に泊まっていた。奥崎は自宅に帰っていた。明日は早朝神戸を発って、名古屋の橋本軍曹のお墓に寄って、静岡県掛川市の小島七郎を訪ねる予定だった。事件の全容も段々と明確になってきていた。中隊長を除く関係者を回り、確証をつかんでから中隊長の責任を問いつめる、という目標にあと一歩の感があった。

「私、橋本さんのところへ行くのは嫌だわ。小島七郎さんの所へ先に行きたいわ、これは野村さんとも話し合って、二人の意見ですけど」

崎本倫子は私に言った。野村寿也は小さな工場を経営している。ほとんど零細企業だった。暮れもおしつまって年越しの資金繰りがつまずいて、金策に多忙の中を、この処刑事件追及の旅にかけつけていた。橋本軍曹は処刑事件には無関係だった。二人の遺族が小島七郎宅へ直行したい気持ちはよくわかった。しかし奥崎にとっては処刑事件の追及と戦友の墓を巡ることは同等に重要だった。処刑事件プラス戦友巡りの両方を効率よくロケに組み込むことは当然だったし、今回も処刑事件とは関係ない戦友の墓巡りも回ってきたのだ。だが二人の遺族にとっては、肉親を思うあまりに、処刑事件以外の戦友の墓巡りは自分達と関係ないと思ったのだろう。私は、そうですね、ボクから明日の朝、奥崎さんに話してみましょう、と答えたのだ。私のこの時点での気持ちは、奥崎とのキシミが増し、抑圧感として反発がため込まれていたのだ。だから奥崎と遺族の利害が対立した時、遺族側に立ったのだと、今は、分析できる。

翌朝、まだ夜も明けきらない神戸の街を奥崎の店へ向かった。奥崎は、昨夜、徹夜でつくった、橋本軍曹の墓前にそなえる木製の墓碑を、車に積み込んでいた。私は奥崎に近づき、

「崎本さんと野村さんが小島七郎さんのところへ先に行きたいとおっしゃっているんですが……」

話を最後まで聞かず奥崎は怒り出した。

「勝手にしろ!!」

取りつくシマもなかった。奥崎は一人、車を荒々しくスタートさせ、行ってしまった。

意外な展開になってしまった。どうするか？　近くのシティレストランで朝食をとりながら相談した。

原さん、あとを追っていきましょうよ、と助監督の大宮。私が遺族と共にあとを追ってくるのを奥崎が望んでいたことはあとでわかったが、私はこの時、無性に奥崎に反発したい気持ちが昂じていた。このところ奥崎は命令口調で私に対応していたし、再三、再四、何か言うとすぐ、〝映画をやめる！〟と脅され、〝原さんはダメな方ですネ〟と叱られ、そんな奥崎に、〝アンタの思う通りにはオレだって動かないぜ〟と心の中で張り合っていた。

「奥崎さんのことは、いいから放っておこう。これから三重へ行って野村甚平さんの墓を撮ろう」

スタッフは不安げな表情で私の言葉を聞いていた。

三重県南島町へ向かう車の中で、奥崎はどうしただろうか？　予定どおり名古屋の橋本軍曹のお墓と静岡の小島七郎の所へは行ったのだろうか？　それとも引き返したか？　気にはなっていたが、私はその気持ちを無理矢理押し込めた。野村甚平の墓の前で、処刑事件の原因について崎本、野村の推理を撮り、この日は野村宅に泊めてもらい、翌日東京へ帰った。

その翌日、奥崎から電話がきた。激怒していた。

「バカヤロー！　遺族になんかついて行きやがって。オレは大津のインターで待ってたんだぞ!!　テメエらが来なくなったってオレは一人でやれるんだぞ。橋本軍曹の墓碑を立てる時、オレに尾いてきた刑事達が手伝ってくれたんだぞ！　スコップで穴を掘ってくれて、デカの方がテメエよりよっぽどマシだっ!!　小島七郎にも会ってきたんだ」

処刑された野村甚平さん

神戸弁でまくしたてる。私もカーッと頭に血がのぼっていた。ここで負けられるか。私の方だって、ここ半年近くの押さえ続けてきたシコリが、怒鳴りまくられたことで刺激され爆発した。

「何、言ってやがる!!」

この時、どんな文句を私は言ったのか、全然思い出すことはできない。とにかく奥崎の怒りのエネルギーに負けまいとして、私の最大の声を張り上げて怒鳴り返したのだ。奥崎にこのような感情むき出しの反撃は初めてだった。ところが、だ。私の反撃は、かえって奥崎の激怒の火に油を注いだことにしかならなかった。これまで以上の、はるか数倍の、超ド迫力のエネルギーが襲ってきた。

「今まで撮ったフィルム、全部燃やしてしまえ！　オレがこれから東京へ行って、火をつけてやるっ!!」

私の敗北だった。完全に力負けだった。奥崎の力に対抗して、こちらも力で対抗してもかないっこないと、猛り狂った罵声の中で私の負けを認めざるをえなかった。そう思うと、気持ちがふーっと軽くなってきた。黙って奥崎の怒りの嵐が通りすぎるのを待った。橋本軍曹だって同じ独工三十六連隊、同じ戦場で死んでるんだ。遺族の二人も一緒に慰霊したっていいじゃないか。それを自分達の肉親のことだけしか考えないから、私はあの時、怒ったんだ、と言う奥崎の主張を正しい、と私は思った。私は、奥崎に詫びた。

このアクシデントが私の奥崎への対し方を変えさせたのはたしかだった。力で張り合おうとすることの愚を悟ったのだ。奥崎の方も私に対してウンザリしていたようだ。これ以後の撮影行は、現地集合、現地解散、撮影以外できるだけ一緒に行動することを、奥崎の方からさけるようになった。

大論争〝代役〟遺族

いよいよ中隊長宅へ訪問する段になって、再三の奥崎の説得にもかかわらず、遺族の二人は同行を拒み、それなら、と奥崎の方も遺族を切った形になってしまった。私としては遺族二人の役割がこの映画の中で大きいと判断していたので、彼らの退場は痛かった。奥崎自身も、遺族という存在が、事件関係者に与える圧力は充分知っているはずだった。奥崎一人だと、ややもすると処刑事件の追及よりも、戦後の生き方のモラルを問う方へと展開しがちだったから、処刑事件は尻切れトンボで終わってしまうのかと思うと残念だった。

この遺族に〝代役〟を立てる、という電話が奥崎からきた時は、またまた、スタッフ内で大論争が起きた。その〝代役〟のことについて。

最初に言ってきた〝代役〟は結城昌治だった。

何故、結城昌治か？　要約すると、野村がある時、自分達の処刑事件に似たストーリーの戦記もののTVドラマを見ていた、その原作者が結城昌治だった。このことを聞いた奥崎は早速結城昌治に電話をかけ、中隊長宅訪問のシーンに〝特別出演〟として誘ったのだ。結城昌治の方も、興味をもったらしく、いったんはOKしたとのことだった。ところが、事態が、遺族二人の退場が決定的になった時、奥崎は結城昌治に、単なる〝特別出演〟から昇格させて、〝代役〟へと白羽の矢を立てたのだった。

この〝代役〟に最も異を唱えたのは他ならぬ私であった。私の倫理からすれば〝代役〟とは邪道もいいところ、相手にウソをつくことになるし、絶対に嫌だった。何故〝代役〟をたてるのか？　しかもそれがどうして結城昌治なのか？　この映画を、今までやってきたことをメチャメチャにするのか!?　と私はわめき立てていた。ところが「〝代役〟という、私達には考えもしなかった発想をするところが奥崎さんの面白さではないか」と、わが相棒の小林が反論したのだ。ムムッ!?　私は詰まってしまった。

撮影期間中、奥崎と私の関係は波長が噛み合わず、しょっちゅうトラブルを起こしていたが、小林は違っていた。奥崎のアイデアや行為のひとつひとつが、いかにも奥崎らしくて、だから奥崎が素敵なのだと、常に主張していた。

小林の一言は、痛いところを突いていた。小林の言うとおりかもしれない。私達はこの映画を単に戦記もので終わらせたくはなかった。何よりも人間奥崎謙三の探求という、もう一つの主題を確認していたから。にもかかわらず、奥崎のアイデアや行為は、私のもつモラルに逆らうことが多かったため、感情的になってしまうのだった。小林の指摘で、理性としては納得した。若干のシコリはあったが、それでも〝代役〟が奥崎の選択したアクションである以上、撮るしかないんだと、私自身に言い聞かせていた。

数日後、結城昌治から体調が悪いことを理由に〝代役〟を断ってきた、との電話が奥崎からかかってきた。そして、さらに数日後の奥崎からの電話には、私は、それこそ、あいた口が塞がらない、という想いをさせられたのだった。

「原さんのお母さんに〝代役〟を頼んでみて下さい。原さんのお母さんは山口に住んどられるのでしょう、山口だったら広島に近いし、それほど負担にはならないでしょうし……」

超実利主義的発想というべきか、いくら奥崎がユニークな発想をするとはいえ、私の立場になって欲しい。自分のオフクロを〝代役〟として、カメラを回し切れるものじゃないぜ！　アホらしい!!　この妙案に、私は乗る気は全くなかった。

映画屋か人間屋か

私達の撮影のチーム編成は、私が演出とカメラ、録音が栗林、二人の助監督のうち、大宮が照明を、安岡が必要な機械、荷物を持ち、撮影助手が前半の期間を高村、後半を平沢が手伝ってくれていた。

撮影方法は、カメラも録音機も、のり込む前からスタートさせ、奥崎をフォローしながら訪ね、相手が登場し、そのリアクションを狙い、さらに奥崎の対応を、と、とにかく現場を丸ごと撮ってしまおう、というスタイル。問題は照明だ。玄関先は手持ちのバッテリーライトで照明をする以外に方法はなかった。だがこのバッテリー式は、長時間はもたないのだ。約十分間でアウトしてしまう。座敷へ上がり込む、という展開になった場合、できるだけ急いで、コンセントから電気をもらって、アイランプで照明する必要があるのだ。

この時も、予測どおり、座敷に上がって撮影という展開になった。

古清水宅の座敷は暗かった。ライトがつくまで撮影を待ってるわけにはいかない。状況はどんどん進行している。私はカメラを回しながら、大宮よ、早くライトをつけてくれ、と心の中で呼びかけていた。しばらくして、明るくなった。やっとついたか、と思い、ホッとした。が、それも束の間、消えてしまった。どうしたんだっ!! 大宮っ、と心の中で怒鳴っていた。チャンとつけろ! イライラがつのる。しばらくして、ついた。オッ、よしっ! だが再び消えてしまったのだ。この時は、私の視角の端に、なんと、わがライトのコンセントを引き抜いた古清水の奥さんの姿が飛び込んできた。そして数メートル離れた所に立っている大宮の困惑した表情があった。そうか、大宮がつけても、奥さんにコンセントを引き抜かれてしまったのか。コンセントをめぐって熾烈な闘いがあったことが理解できたのだった。

私達は〝オジャマ虫〟なんだという意識は、スタッフ全員が持っていた。歓待されて座敷に通されたわけではないことは、よく承知している。コンセントの使用に関しては、強引に、なしくずし、の一手しかなかった。だがこの場合のように、相手の抵抗、拒絶に会うと、お手上げだった。大宮にしても、一刻も早くライトをつけないと、遅れれば遅れる分だけ、露光不足の画面が増えていくことはわかっているから、何とかしなければ、と焦っているに違いない。だが、奥さんのレジスタンスの前には無力だった。

私は大宮に何とかしてくれ、と祈りつつ、しかし一方では、何故か、奥さんにも頑張って欲しい、と思っていたのだった。古清水の奥さんの抵抗が、妙に、嬉しく、愉快だった。

この気丈な奥さんは、撮影中、ずーっと冷静沈着だった。撮影の後半、この奥さんがポラロイドカメラを手に、私の回ってるカメラの前に正面切って堂々と登場し、私達の無法ぶりの証拠写真を撮るため、フラッシュをたくのが、フレームの中で見えた時、奥さんの度胸の良さ、がんばりに、ほとんど尊敬の念を抱いていた。

この奥さんの〝武勇〟がもうひとつ。奥崎と激しくやり合ってる夫のかたわらに坐って、奥さんはじっと成り行きを見守っていた。奥崎、その奥さんに向かって言った。

「小学校出の私をですね、警察は何故か〝先生〟と呼ぶんです！ 何故か。どうしてだと思われますか？」

何故か、を強調した。何故か、と問いつつ、奥崎の望む答えはもう決まっている。それは〝先生〟と呼ばれるのに価する生き方をしてきた結果、だと言って欲しかったのだ。ところが奥崎の意に反して、こう、切り返したのだ。

「よくお調べになったらいかがですか」

と。奥崎、一瞬、虚をつかれて、グッと詰った。しばし間があって後、猛然と反撃を開始。

「それはですね、私が〝先生〟と呼ばれるに価する生き方をしてきた結果ですよ！」

この、〝警察は私のことを先生と呼ぶ〟のフレーズは、奥崎節に織り込まれていて、必ずどこの場でも披露されるのだが、このフレーズに対して正面切って、切り返したのは撮影中を通してこの奥さんだけだった。このやりとりのオカシサは、この映画の中でもユーモア賞ものに価すると内心思いながら、私はカメラを回していた。

この、〝警察は私のことを先生と呼ぶ〟ことについて考えてみる。

奥崎自身、〝お世辞でしょうが〟という枕詞をつけることがある。奥崎とて、警察が職務上、そう呼ぶことは承知している。承知してはいるが、お世辞にしても、〝先生〟と呼ぶからには呼ばれるだけの価値があるはずだと捉えているフシがあった。自分のこれまでの実績を評価し、尊敬の念が働いているからこそ、自分を〝先生〟と呼ぶのだと。

私も警察が職務上のテクニックだけで奥崎を〝先生〟と呼んでるとは、あながち思えなかった。もちろん、警察の連中が全員そうだというのではなく、〝先生〟と呼ぶと奥崎が喜ぶから、という刑事もいるだろう、撮影中に実際会っている。だが兵庫署の刑事たちは違った。奥崎への対応ぶりは、丁重だったし、日常生活で奥崎家に出入りする時間は、なまじのフツーの人より多いのだ。奥崎が酒も煙草もやらず、趣味らしきものもなく、精いっぱい体を動かし献身的なまでの仕事ぶり、腰は低いし、そんな奥崎を刑事たちは知っているはずだ。奥崎シズミが言った。私ンとこがちょっと困った時には兵庫署に電話するとすぐ手助けにきてくれますねン、と。刑事たちの中には、ある部分では、奥崎の言う、〝尊敬の念〟を抱いている者がいても変ではないと思う。

奥崎にとっては、この〝先生〟と呼ばれることが何よりも無形の勲章であった。それは自分の実績を評価してくれたことを意味するから。奥崎にとって人から〝先生〟と呼ばれることが無上の喜びだった。だからいつも〝先生〟と呼ばれるような生き方をしなければと、行動を起こしていくのだった。

〝先生と呼ばれたい願望〟は、いつの日か、この私にも向けられそうな予感があった。奥崎は口にこそ出して求めなかったが、気持ちはわかっていた。だが、私は、奥崎を〝先生〟と呼ぶまい、と頑張っていた。何故ならば私は映画をつくっているから。作り手が被写体に先生と呼ぶような関係では、自由に作れないからだ。奥崎は「原さんは私と対等と思ってらっしゃるようですが、十年早いっていうんです！」幾度も非難されたが、奥崎の妻さ、エネルギーの量は比較にならないくらいに奥崎の優位を認めているつもり。それでも関係としては、奥崎からいくら非難されようが、対等でなくてはいけないのだ。奥崎にすれば、そこがまた、私に対して癪の種だということはわかっていたけれど……。

ついでに言えば、私がことあるごとに、〝映画のために……〟〝映画というのは……〟と抵抗するものだから、奥崎はアタマにきて、口癖のように、次の批判を浴びせたものだった。

「映画は、原さんにとって目的でしょうが、私にとって〝人類を本当に幸福にするという大きな目的〟のための、手段にすぎないんです。原さんは、ふた言めにはご自分のことを〝映画屋〟とおっしゃいますが、私だって〝バッテリー屋〟です。しかし私が行動する時は〝バッテリー屋〟を捨ててるんです。〝バッテリー屋〟と思ってますとね、本当に大きな目的のための行動はできないんです。あえて言いますとね、私は〝人間屋〟として行動してるんです。ですから、原さんもね、〝映画屋〟をお捨てになって、〝人間屋〟として行動して下さいっ!!」

島本イセコ〝誘拐計画〟

処刑事件の撮影と並行して、ニューギニア行きの準備は進めていたが、その打ち合わせを奥崎としていた時のこと。

奥崎が私に言った。

「島本イセコさんを、ニューギニアへお連れしたいんです。イセコさんも行きたいとおっしゃってるんです。しかし、娘さんが反対なさってるんです。イセコさんの体が心配だとおっしゃって」

イセコは七十七歳。ニューギニアは高温多湿ときている。イセコの体に耐えられるかどうか私も不安だった。イセコのニューギニアへ行きたい気持ち、奥崎の連れていってあげたい気持ちはわかるとして、娘さんの心配ももっともだ。イセコのニューギニア行きは無理かも、と思いつつ、奥崎の話に耳を傾けていた。そんな私の危惧を見透かしたかのように奥崎は続けた。

「ニューギニアへお連れしてですね、もしかしたらイセコさんは、向こうで死亡なさるかもしれない、それでも私は、イセコさんは本望だと思うんです。ですから、私はイセコさんをお連れしようと思うんです」

いくら奥崎がお連れしたいと言っても、娘さんが反対じゃどうしようもないだろう、最悪の場合、イ

島本イセコを訪ねたときの奥崎

セコがニューギニアで死亡するかもしれないが、覚悟の上、という奥崎にチラッと反発を覚えた。

「娘さんは反対なさってますが、イセコさんは子供じゃありませんしね、ご自分の意志で行きたいとおっしゃってるんですから、娘さんだからといって、イセコさんを行かせない権利はないと思うんです。ですから私はニューギニアへ行く準備を全部しておいてですね、直前にイセコさんを誘拐しようと思ってるんです」

私は唖然とした。〝誘拐〟とは！ またまた警察ざたになるかもしれないな。イヤだなあ。しかし、そこまでしてイセコをニューギニアへ連れていく決意なのか。でもこの映画にとって、〝誘拐〟のシーンがどんな意味をもってくるんだろう、と混乱気味の頭の中で、様々な想いがかけ巡っていたが、同時に緊張もしていた。これは撮るべきだろう、と基本的には考えていたから。しかし次の奥崎の言葉に、私はずっこけてしまったのだ。

「それでですね、私一人では誘拐できませんので、是非、原さんに手伝っていただきたいんです」

全く、ガックリきた。オレに手伝えだと!? じゃあ、誰が、どうやって、撮るんだ!? 〝誘拐〟については奥崎の想いの深さとして撮ろうと思ったが、それは奥崎の行動だからこそ、撮れるのだ。私が、自分で〝誘拐〟行動に加わって、その自分を撮るなんて、シラケるじゃないか。奥崎は、〝自分は行動者です。原さんは語り部です、語り部は行動者を黙って撮ればいいんです〟と一方では私を責めておきながら、その語り部として機能できなくなるではないか!? 奥崎は時々、私およびスタッフに、言葉だけは、手伝っていただきたい、と丁重だったが、アシスタントのような対応を求めてくることがたびたびあって、私は不愉快な思いをさせられていた。イセコを〝誘拐〟してニューギニアへ、死亡するかも知れないが、それでも連れていき、もし死亡したらどうなるのか、奥崎の〈倫理と論理〉は別にして、私自身の〈倫理と論理〉を考えなければいけなかったが、奥崎と私の関係のあり方も、ギクシャクさが増大しつつあって、気が重かった。しかしこの葛藤は、私は口に出せなかった。ただ、ハアー、と生返事を重ねていた。

この〝誘拐〟は、実現することはなかった。ニューギニアへ行く直前に、イセコは死亡してしまったのだ。

撮影隊、塩をまかれる

高見家二度目の訪問の時のこと。例によってカメラを回しながら突然の訪問というスタイルで訪れた時は来客中だった。息子さんの結婚式の、仲人を迎えて打ち合わせ中だったのだ。

撮影を始めて間もなく、カメラを回している背後で女性の声が聞こえてきた。ヒステリックな声だ。助監督の大宮が応対している気配。なんだろう、とチラッと意識をかすめたが、大部分の神経をファインダーに集中していた。しばらくして安岡が耳打ちしてきた。高見さんの奥さんが後ろにいます、との説明で私は〝声〟の方へ意識を少し向けた。そうか、奥さんだったのか。声は泣き声混じりだ。瞬時にして状況は呑み込めた。私たちの非礼を怒り、責め、撮影をやめるように、哀願しているのだ。私は、奥崎と高見を狙って回しているカメラを後ろの声にパンしようかどうか迷っていた。技術的には簡単なことだった。私が体をひねりさえすれば、高見の奥さんの姿を捉えられる。しかし、躊躇していた。ますます、泣き叫ぶ声が大きくなっていた。

こんな時は本当に、しんどい。奥さんは、全身で撮られることを拒否している。修羅場の場数を踏めば、こんな時、撮れるようになるだろうか?

結局、私は、高見の奥さんにパンすることはできなかった。

撮影がひと通り終わって、別れの挨拶をかわし、奥崎を先頭に歩き出した。最後尾に私がいた。数歩いった時、ふと、振り向いた。高見の奥さんが玄関口で私たちに届けとばかり、大きなモーションで塩をまいている!! ショックだった。私の目線に、高見も気づいて、振り返った。あわてて奥さんにかけ寄り、玄関の中に押し入れ、戸を閉め、私に向かってペコリと頭を下げた。奥崎は気がついたか? どうやら気づいていないらしい。ホッとした。

この一瞬のアクシデント、撮影助手の平沢が気づいていたのだ。ボクも今までいろんな仕事をしてきましたが、取材した相手から塩をまかれたのは初めてです、と相当ショックだったらしく落ち込んでいた。もう私達の撮影に参加したくないと言う。撮影助手がいなくては困るので、ひきとめようと、彼を慰め、この映画の意義を説いたが、その言葉に力がないことは私自身、一番よくわかっていた。私も彼と同じ気持ちだった。

スタッフの反発

山田吉太郎を乗せた救急車がサイレンを鳴らして走り去っていく画を撮り終えた私は、スタッフに声をかけた。すぐ病院へ追っかけるぞ、と。私にすれば当然という調子で。ところがスタッフは、まだ撮るのか、という反応をしたのだ。

山田家を訪れてから六時間近くたっていた。のっけから奥崎謙三と山田吉太郎の対立が生じ、奥崎が暴力を再び振るって、山田を口説く奥崎の大演説があり、警官まで登場して、の長い時間をスタッフは緊張しっ放しだった。単に時間の長さではなく、病み上がりの山田吉太郎に奥崎謙三が暴力をふるったということが、こたえていたのだ。奥崎への反発と同時に、暴力をふるう場面も含めて、よく、延々と撮っていられるなという私への反発もあるな、とスタッフの表情から読めた。だが私は急ごう、と強引にスタッフを促した。

赤十字病院に着いた。車から飛び降りるようにしてカメラを手に、行くぞ、と病院の中へ向かおうとした。だがスタッフは動かなかった。

「よく撮れますね」

「やめましょうよ、原さん」

口々に言われて、私はひるんだ。

「わかった。じゃとにかくカメラはおいて、様子を見てくるから」

病院へと走った。山田吉太郎はすぐ見つかった。寝台ベッドに横たわり、かたわらに奥さんが付き添っていた。どうですか、と声をかける。

「レントゲンを撮ってみないとわからないけど、大丈夫らしいね」

と、弱々しかったが、思ったよりは元気な口調で山田は答えてくれた。私は病室の様子を窺《うかが》った。部屋の奥の方で看護婦が立ち働いている。レントゲンの準備をしているらしい。撮ろうと思えば撮れるな、と思った。外で待ってるスタッフの所へ引き返した。スタッフたちの顔は、私が口を開く前に、私の言うことを予期して、撮るなら一人で勝手にやれ、と無言で拒絶の意を表していた。私は、これはもう諦めるしかないなと、気持ちが急速に萎えていくのを感じていた。

PART2——ニューギニア篇

ニューギニアへ

いよいよ、というか、やっと、というか、ニューギニア行きの決行となった。ここへくるまでに、撮影開始から約一年という時間が過ぎていた。もうこれで映画はやめる、と幾度も奥崎に怒鳴られ、私の方も、アホらしくてやってられるか、こっちの方が願い下げだ、と思ったことも数回。にもかかわらず、まだ映画は続いていた。よく、ここまで、こぎつけたと思う。

そのニューギニア行きに関して、奥崎から一つの申し入れがあった。ニューギニアロケは予算を切りつめる、ということもあってスタッフは私と助監督の安岡と、二人のみ。その申し入れとは、私と安岡の二人に、島本イセコの孫になれ、ということだった。

「これは相談ではありません。私の判断に従って下さい」

問答無用、有無を言わさない響きだった。奥崎は私に、島本イセコの写真をパスポートから複写してキャビネの大きさに引伸ばせという。出発前日、神戸から上京して都内のホテルに入った奥崎は、安岡に額縁を買ってくるように言いつけた。翌朝、私たちの前に姿を現した奥崎の胸には、島本イセコの写真が入った額縁が、ひもでしっかりとくくりつけてあった。

奥崎はこの島本イセコの写真の額縁を、ニューギニアに滞在中、ずーっと胸にしたまま、帰国するまで、体からはずすことはなかったのだ。

奥崎の胸の島本イセコの写真、私と安岡に島本イセコの孫になれ、という要求、奥崎の狙いはわかった。が、それがうまくいくのかどうか、私には皆目見当がつかなかった。だが奥崎は、国とか民族が違っても人間の感情は、きっと通ずるはずです、と断定的に言う。とうとう、私まで代役にさせられてしまったか、という不愉快さはあったが、ぐっと自分の気持ちを押さえ込んだ。

小林の、しっかりね、という言葉に送られて、私たちはニューギニアロケに出発した。

三月十六日、成田からジャカルタへ。一泊して翌日、ジャカルタから、めざす西ニューギニア、現在のイリアンジャヤ州ジャヤプラのセンタニ空港へと飛んだ。

私は奥崎の西ニューギニアの第一歩を、どう撮ろうか、空港に着いたら、タラップをおりる奥崎を機内から回し放しで後ろからフォローするしかないな、と考えていた。安岡に相談した。すると安岡は猛反対した。撮影許可をとってないんだからヤバイですよ、空港でいきなり撮影なんかしたらすぐ逮捕されてしまいますよ、と。その心配と不安はもっともだった。私たちは16ミリカメラを許可申請をしないで持ち込んだのだ。

某テレビ局がニューギニア奥地の部族の人たちの紀行・探検もの番組を作るためにインドネシアに許可申請したところ、ン百万円という金を使い、その上二年以上も待たされた挙句にやっとOKになったという話を、現地の事情に詳しいO氏から聞いていたし、そんなお金と時間の余裕は私たちにはなかった。ジャカルタでの入国の税関手続きの時は緊張したが、カバンの底に詰めた16ミリカメラとフィルムは、さしたるチェックも受けずにパスしてホッと胸を撫でたのは昨日のことだったから。

やめるべきかどうか。飛行機が着陸するまで迷っていた。センタニ空港に着陸し、やがて乗客たちが降り始めるのを目にして、カメラを回すぞ、と私は安岡に言った。安岡はあきれたような、怒ったような顔をしたが、私は無視した。

通路を進む奥崎の後ろ姿をファインダーで捉えてカメラのスイッチを入れる。機内から外へ。眩しい。ファインダーから空港の全景が見えてくる。質素なたたずまいだ。タラップをおりる。カメラはずっと回ったまま、乗客の列に尾いていく。空港の建物がもう少しはっきりつかめるまで撮ろう、もう少しだ、もうちょっと、と思いながら。その時突然、肩を叩かれた。ドキッ!! と心臓が縮み上がった。しまった!! 万事休すだ、安岡、ゴメン、やめとけばよかったと後悔しながら、カメラのスイッチを切って、おずおずと後ろを振り返る。軍服姿の男が指さしている。あっち、というゼスチャー。私の進む方向の進路が、ややずれていたためらしい。ホッとする。OKと言いながら私は大きく首を振った。カメラを回したことを咎めたわけではなかったのだ。しかし、すっかり肝を冷やしてしまった。こうして、西ニューギニアの第一歩を踏んだのだった。

さすがに暑かった。熱気が、ムッと全身を包む。ぬぐってもぬぐっても汗が吹き出る。空港に迎えにきていた現地通訳のイスカンダルと挨拶もそこそこにすませた奥崎は、材木屋へ行ってくれ、と言った。

慰霊碑をつくるために適当な木材を物色する奥崎を数カット撮影。それから市内に入り、ホテルへ。即、奥崎は打ち合わせに入る。

奥崎、厳しい顔でアルソーに行きたい、と要求した。二〇〇パーセント入域できないだろう、という保証付きの区域だ。奥崎の胸の島本イセコの写真が、奥崎の決意のただ事ならぬ気配として、演出効果を発揮したのか、超困難な要求に対してイスカンダル、沈痛な表情をうかべながらも、明朝、警察へ一緒に行って頼んでみよう、と言ってくれた。

(私はニューギニアロケの部分だけは、メモ帳に日記をつけていた。これからは、その日記を再録し、補足、説明しながらニューギニアでの奥崎の行動をドキュメントしていく。)

三月十八日(金)

七時二十分、朝食。八時、イスカンダルと共に、まず警察署へ。署長らしき人と交渉。あちこちに電話連絡をとってくれる。

今度はイリアンジャヤの総司令部(?)へ。ナンバー1氏が不在とのことで、ナンバー2氏が応対してくれるが、要領をえず、出直すことに。

カメラをチェンジバッグにくるんで持ち歩くが、なかなかチャンスが見つからず。この状況、つまり、アルソーに行きたがってる奥崎をどうおさえておくか？

午後は待機。なすすべもなく、昼寝したり、ゴロゴロするのみ。

夕食は奥崎のリクエストに応えて、飯盒で炊く。

食後、〝国際電話〟のシーンを撮るため必要なライトを捜しに街へ。

ホテルに戻ってみると、我々は会えなかった総司令部のナンバー1氏が姉弟と面談中。姉の表情、こちらを見て、うまくいきそう、と笑顔。

イスカンダルもこの席へいって、工作。我々は、その様子をチラチラ見ながら、もしや、と胸をふくらませて待つことしばし。

しかし新たな展開はなし。


アルソー行きの許可をとることから、奥崎は動き出したわけだ。許可がおりるとは私には思えなかったので、許可をとるべく行動している奥崎を撮らねば、と思ってチャンスさえあれば即、撮れるようにとカメラを黒い布にくるんでたえず胸に抱きかかえていた。しかし警察署の中でカメラを持ち出した時のトラブルを思うとどうにもならなかったし、総司令部とは、もちろん軍隊、ここイリアンジャヤ州の最高の機関で、警察へ行った時よりもなお一層、私は緊張して黒い布にくるんだカメラを見咎められはしないかとヒヤヒヤ、この日は全く撮影できなかったのだ。

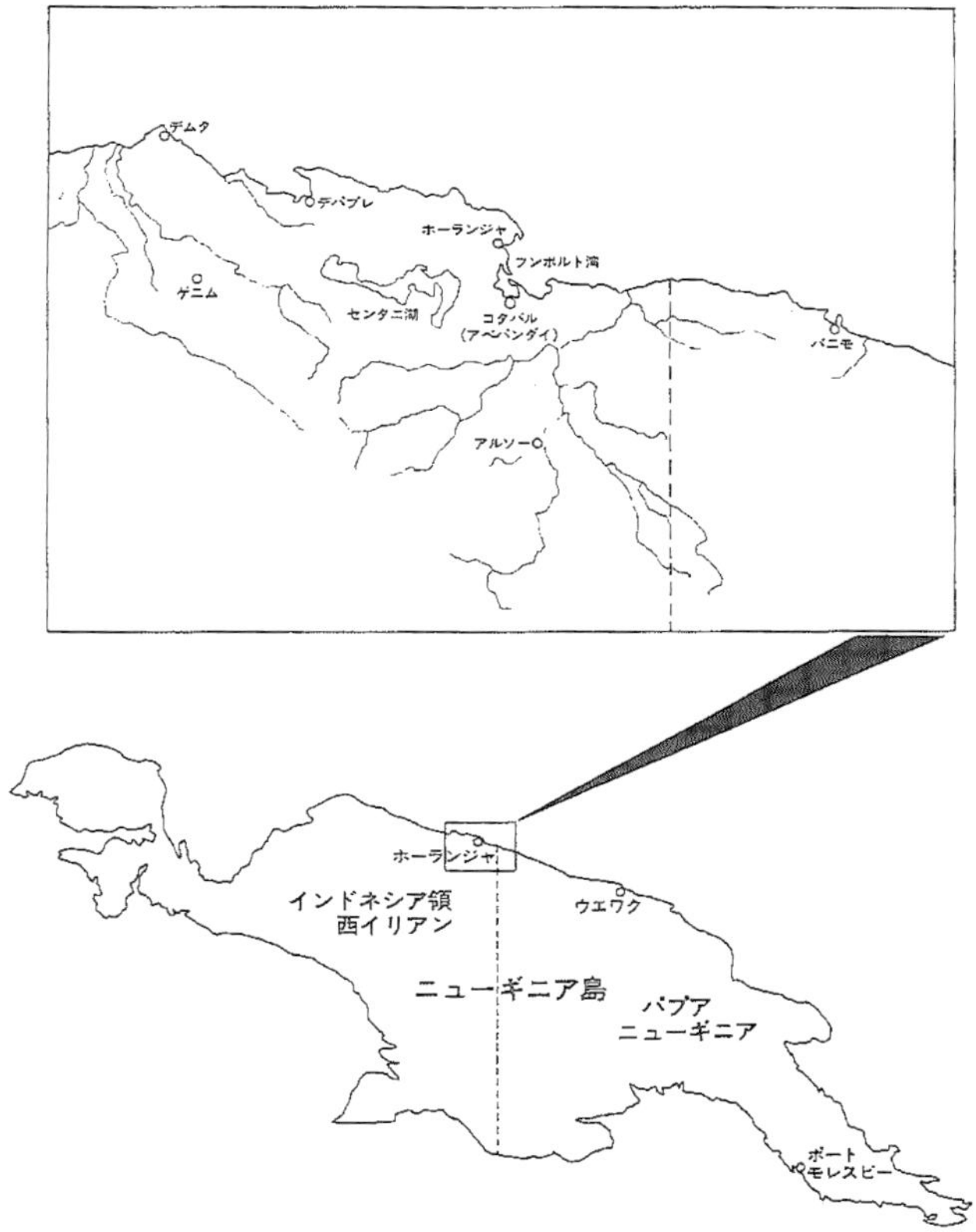
デムク
デパプレ
ホーランジャ
フンボルト湾
ゲニム
センタニ湖
コタバル
(アベパンダイ)
バニモ
アルソー
ホーランジャ
インドネシア領
西イリアン
ウエワク
ニューギニア島
パプア
ニューギニア
ポート
モレスビー

〝国際電話〟のシーンとは、奥崎と妻シズミの夫婦像を、いつか撮ろうと考えていたのだが、日本国内のロケに出た奥崎が留守を守ってるシズミに、しょっちゅう電話をかけているのを見て、よし、この電話を、ニューギニアと神戸を、二元中継ならぬ、二班で撮って、編集の時、カットバックで構成しようと思ったのだ。神戸へは、小林を中心に撮影班を新たに編成して、私からの連絡でいつでも行けるようにスタンバイしてあった。ドキュメンタリーで、電話をかけるくだりのシーンは、通常、双方の画を撮ったりはしない。何故ならば、ツクリすぎて、嘘っぽくなるからだ。ドラマだとごくフツーに使われてる手法だ。私はそのドラマのフツーにある手法を、あえてやってみたかったのだ。嘘っぽくならないか？　私はこの映画の場合、三度までも代役を立てたり、過剰な〈演技〉を感じさせる奥崎を見て、その程度のツクリは問題にならない、そのツクリが奥崎の過剰な〈演技〉と見合って、逆にリアリティがでるような感じを持っていたのだ。

〝姉弟〟とは、ジャカルタから、センタニ空港へと来る途中のビアク空港で出会ったのだ。もちろん、日本人。二十代半ばの姉の方が、どうしても西ニューギニアのど真ン中にある秘境を訪れたく、しかし女の身一つでは心配だからと弟がついてきたとのこと。彼女も奥崎同様、秘境への入域許可はとっていなかった。直接乗り込んで何とかしよう、と。その秘境は日本人は誰も入ったことがなく、だからこそ日本人として最初に行きたいのだ、という姉の心意気を奥崎はすっかり気に入った様子。その姉弟が私たちと同じホテルに泊まっていたのだ。秘境行きに許可をだす責任者も、アルソー行きに許可をだす責任者も同じ人物らしい。だが姉弟の方が直談判の場を、一緒に食事をしながら、という方法でセッティングできたのは、姉がなかなかのチャーミングな女性であった強味の故だと、私は思った。

三月十九日（土）

六時半起床。イスカンダルと打ち合わせをしているところを撮る。イスカンダル、一人で交渉に出かける。私たちはただ待つのみ。約三時間。午後二時すぎに帰ってきて彼の報告を撮る。奥崎の覗き込むような仕草がよかった。だがNG。音がとれていない。安岡が録音と通訳の二役を兼ねていて、一所懸命に慣れない通訳をしていて、ついつい、録音の方を失敗してしまったのだ。

許可をとる手続き、難航している。ジャヤプラのビッグボスの段階まで話がいってるのだが今日は土曜日、月曜日にならないとどうにもならない、との報告。ただ、じっと待つのみ。

夜、〝国際電話〟の撮影のために必要なライトを買いに街へ。あちこち探して、何とかあったものの、色が赤くて、明るさにムラがあるひどいランプ。ま、無理はいえない。

安岡、かなり疲れてる様子。なれない通訳の気づかれ。イスカンダルも疲れてる。

三月二十日（日）

買物から帰って、奥崎、自分の部屋で、飯盒で飯を炊いて、食ってるところを撮る。

午前中、奥崎の慰霊碑の製作。ここに着いた直後に買った木の柱に、丹念にペンキを塗ってるところを撮影。昼寝。

今晩の〝国際電話〟の撮影の交渉がうまくいかない。

夕方、ホリディのイスカンダルを呼びだして、ホテルのマネージャーと交渉するが、ノー。何とか、ホテルのフロントで撮りたい。フロントで撮影するのはOKだが、電話をバラシて、相手の話を録音するための装置をとりつけるのはダメ。やむをえず、フロントで電話を申し込むくだりを撮って、神戸と話すくだりは奥崎の部屋の電話に無断で装置をとりつけるしかないかと思い、奥崎に相談しよう、とした出鼻をくじかれた。奥崎、とにかくフロントでやりたい、と。音は捨てても

（つまり、電話の向こうの奥さんの声）、画が大事だという。ムッとして、オレの言うことも聞いてくれ、と思ったが、小林の方にも電話を通したこちらの声を録音するよう念を入れて打ち合わせてあるので、気を静めて納得。とにかくフロントで国際電話を申し込むくだりを撮る。イスカンダルがライトを持ってくれる。

自分の部屋でロールチェンジをしていると、奥崎がやってきて、あとは私の部屋でいいじゃないか、という。頭にくるじゃないか。何を今さら。オレの言うことを聞かないでいて。だったら初めっからオレの言う通りにしてくれればいいだろうに。奥崎に口答えする。すると奥崎は、私は今思いついた、原さんはもっと前に思いついていたのなら何故もっと早く私に言わないのか、と怒る。

そんなこと言ったって、人の言うことに耳を貸そうとしなかったじゃないか。ま、奥崎の部屋で撮ることにして、その旨、マネージャーに言うが、電話器を我々がバラスだろうと警戒して、イスカンダルが立ち会うという。電話器をバラスっていっても、ちょっと分解して簡単な装置をとりつけるだけなのに。マネージャーは、電話器を壊されるかもしれないと不安感をもっているのだ。マネージャーとイスカンダルは友人同士。だから、この場は我々の側ではなくて、ホテル側の監視役として機能している。そのことが私も不愉快だったが、奥崎も思っていた。やむをえず、だ。奥崎の部屋でスタンバイする。装置のとりつけは断念。とにもかくにも、神戸との〝国際電話〟を撮影。まがりなりにも成功したので奥崎、腹の虫がおさまったらしく、機嫌を直す。

神戸の方、うまく撮れただろうか？　頼むぞ小林佐智子。

三月二十一日（月）

またまた、奥崎の朝の思いつき、問題発生。三日間も、この奥崎を待たせるのはインドネシアの方が失礼だ、イスカンダルにまかせていては、最善の努力を尽した、という実感が私には得られない。私にとって大事なのは、結果じゃなく、最善の努力をしたという満足感を得ることだ、自分も直接交渉に乗り出す、と。

奥崎の剣幕に、イスカンダルも困惑していたが、では、奥崎を直接交渉の場に連れていこう、という段取りになったが、奥崎の半ズボンが問題になった。ホテルにいる時は暑いので半ズボンでいたのだ。イスカンダルに半ズボンをはき替えてくれ、と言われ、奥崎も一瞬、半ズボンでは失礼になると思ったのだろう、長ズボンにはき替える動きを見せたが、すぐ思い直したように、どうして半ズボンだと失礼なのか、と怒りだした。失礼なのは三日も私を待たせているインドネシアの方で、その失礼さに対して私も失礼で対応する、と。

奥崎の大声を聞きつけてホテルのマネージャーもきてイスカンダルと何やら相談。通訳をしていた安岡が奥崎に対し、頭にきた様子。安岡としては、〝郷に入らば郷に従え〟という気持ちなのだ。次第に奥崎対安岡の内ゲバの様相を帯びてきた。これも、奥崎のキャラクターの一コマ、いささか重い気持ちで撮る。安岡に申し訳ないが、彼が矢面に立ってくれているのでカメラが回せる。しかし安岡も相当、感情を高ぶらせてきた。当然、奥崎も更にエスカレートしてくる。ヤバイな。案の定、出た。もう安岡の通訳はいらないから、ここで別れよう、どうぞ帰ってくれ、と。奥崎から絶縁状を、また、また、つきつけられた。奥崎、さっさとロビーへ降りていった。様子を覗きにいくと、ロビーにポリスマンがきている。どうやら、先の相談でマネージャーとイスカンダルが通報したらしい。奥崎に警察に来てくれ、という。イスカンダル、どうか半ズボンをはき替えてくれ、と。オレは、はき替えんっ!! と奥崎。ロビーにいる人たち、何事ならんと注目。

奥崎、さして広くもないロビーを歩き回り、わめき上げる。こうなったら手がつけられない。イスカンダル、ポリスマンに懸命に話してる。奥崎、神戸に電話をかける。オレに替われ、という。小林が受話器の向こうで、どうする？ と聞く。もう、東京に帰っていい、今晩こちらからかけ直す、と手短かに話す。受話器を置いたオレに奥崎、あなた達は明日にでも日本へ帰れと絶叫した。ポリスマンは一人で出ていった。イスカンダル、今あなたのリクエストを伝えた、午後には決定がでるから待って欲しいと奥崎を説得。

午後三時、先ほどのポリスマンがやってきた。アベパンダイのみOKという。イスカンダル、アルソー行きの要望が許可されない限り奥崎は納得しないことを知ってるから、再び、懸命に話す。イスカンダルの話をきいていたポリスマン、もう一度検討してみる、と帰っていった。イスカンダルもポリスマンの後について出ていった。

午後七時すぎ、イスカンダルが戻ってきて、アルソー行きは、二つの警察の許可をとらないといけない。ここの警察署の許可はとったが、軍事警察の方の許可をとりに、これからボスの自宅へ行って交渉してくる、という。

午後八時半。奥崎は、ポートモレスビーに行くと言い出していた。西ニューギニアがダメなら東ニューギニアから入って、限りなく国境に沿ってアルソーに近付きたい、と。奥崎はオレに、ポートモレスビーに一緒に来る気があるなら、来い、と言った。ただし、オレだけ、安岡は帰れ、と。

日本へ帰れ、の絶縁が奥崎の本意ではないことはオレもわかってるし、軍事警察の許可がとれるとは思えなかったが、奥崎の希望通りについていきますと答えた。ちょうどその時だった。イスカンダルが戻ってきた。我々を見つけると、指でＯＫサインをつくった。「エーッ!?」と一瞬、信じられなかった。イスカンダルさん、御苦労さん！　イスカンダルの顔も嬉しそうに顔中に笑いが満ちていた。しかし奥崎の反応——、しかめっ面をしたまま、「グッド、サンキューね」だって。一言ぐらい、労をねぎらってあげてもいいじゃないか。「私はアルソーに行けると確信を持っていたんです」と続ける。ウソだろう、ほんの直前までポートモレスビーに行く相談をしていたじゃないか。あなただって許可がとれるとは思っていなかったはずだ。「アルソー行きのＯＫがでたのは、私が今日、怒ったからです。人間、怒る時は怒らないとダメなんです。これが私のやり方です」

たしかに奥崎の言い分には一理あると思わざるをえなかった。奥崎が怒鳴り、騒いだためにイスカンダルは必死になり、ポリスマンも奥崎の想いの激しさを知って、上司に伝えてくれたのだろうから。だがこれで本日の問題は終わったわけではなかった。イミグレーションは明日いっぱいで切れる。だから明日のうちまでにアルソーと、もう一カ所奥崎の要求していたアベパンダイへの許可をとってきたのだが、奥崎はイミグレーションなんか意に介する気配は全くなし。奥崎は、アルソーへは明日行く、明後日とその次の日はアベパンダイへ行きたい、さらに、カヌーを出すことを要求した。気の毒なくらいに困惑しているイスカンダルに、さらに奥崎は続けた。ポートモレスビーに行くためにはビザが必要だが持ってないので、これから日本大使館にすぐ電話を入れろ、と。

このやりとり、安岡復活のグッドタイミングと思い、部屋にいた安岡を呼んだ。だが、失敗。奥崎は姿を見せた安岡に、怒りを甦らせた。オレは目線で、仕方ない、もうしばらく、はずしてくれ、と合図を送った。更に重荷をしょったイスカンダルが引き上げた後も、奥崎のエキサイティングは続いていたが、次第に気がほぐれてきたらしく、笑顔を見せ始めた。アルソーに行けることになった報告の電話を妻にかけると言うので、「撮りますよ」と言うと頷いた。「安岡にも手伝わせますよ、いいですね」奥崎、渋い顔をしながら気分悪いけど仕方ないと承諾。先ほどの奥崎の拒絶で、今度は安岡の方がムクれてる。なんとか説得して現場復帰させる。ホテルの従業員の若者たちがライトを持ってくれたり、いろいろ手伝ってくれる。

ホントに今日は長い一日だった!!

アルソー行きがＯＫになってよかった!!

三月二十二日（火）

なかなか寝つかれなくて、悶々とする。何度目かに目が醒めた時、雨の音を聞いた。六時起床。雨は降り続いていた。雨でも予定通り、アルソーへ行けるのか不安になる。そこへ奥崎、オレたちの部屋へ顔を出した。「今日はやめるそうです」こんな朝早く、奥崎は誰からの情報で中止のことを知ったのか、訝《いぶか》しく思ったが、それだけ言うと自分の部屋へと戻ってしまったので、確かめることはできず。

八時すぎにイスカンダル、オレたちの部屋へやってきた。奥崎とつき合うシンドサをお互いに労をねぎらってから、その日の行動を開始するのが、自然と習慣になっていたのだ。そのイスカンダル、今日の中止の事情を聞こうと話し始めた途端に、サッと顔色を変えて、隣の奥崎の部屋へと駆け込んでいった。

何だか、よくわからないが予定通り、アルソーへ行くことになった。

街へ出て造花を買って、十時出発。地元警察署の警官二名が付き添う。一路、アルソーへ。雨は、すっかりやんでいた。林をつき抜ける白い道。道幅も二車線あるだろう、かなり広めに、それなりに舗装されている。奥崎、記憶を探りつつ、自分が歩いた道とは違う、と言う。イスカンダルは、この道しかないと言う。途中、河があった。「昭和十九年、私、河を泳いで渡ったんですが、この河だったかな、いや、これじゃない、もっと大きかったはずです、Uの字カーブがたしか、あったはずです」記憶と現実の落差に、奥崎、しきりに首をひねる。その河から数分で目的地アルソーに着いた。白い道の終点だった。ここです、と言われて、「エーッ!? これが!?」と思わずオレも声をあげる。ブルドーザーが一台動いていた。林を切り開きつつある開墾地って雰囲気。アッケラカンと、それだけなのだ。奥崎も「本当に、ここか?」と念を押している。オレが知っているわけはもちろんないのだが、戦争中、独工三十六連隊が飢餓地獄、奈落への行軍をスタートした、それらしき、おぞましさのカケラくらいはあるだろう、と期待はあった。だが、見事にはぐらかされたのだ。軍服姿の男が数人。いかにも現地人といった顔つきで裸足の男が数人、オレたちを遠巻きにして見つめていた。ま、アルソーに着いたのだから、一カットぐらいおさえておかねば、と思い、なおも記憶の糸をたぐってる様子の奥崎を撮った。すると、軍服姿の一人の男が、手にした銃を構えた。イスカンダル、あわててオレのカメラを押さえながら、ここは撮影は禁止されているから、と。それじゃオレの方が困る、と食いつく。銃で狙われこそしなかったが、気持ちのいいものではなかった。奥崎がセレモニーをするポイントだけなら、とやっとOK。ホッ。

昨夜からの雨のせいで、ドロドロのぬかるみを悪戦苦闘しながらオフィスへ向かいつつ、アルソーの風景を撮らなくては、と焦るのだが、銃の男の目線がオレに注がれっ放し、ノーファインダーでもいいから回そう、と思ってたがチャンスなし。オフィス、といっても工事現場よりはちょっとまし、といった程度のバラックふう。挨拶のため中に通されると、一個小隊の規模というか、二十～三十名の軍人たちがいた。太めの、態度が尊大で、チェ・ゲバラふうのヒゲをはやした男が応対。なるほど、民族解放戦線のゲリラ闘争が展開されてるとの、オレが調べた情報が事実であることがリアルに実感された。

若いソルジャーたち、口々にガヤガヤ言いながら、それでも親切に林の中を案内してくれた。奥崎、かつて自分が歩いた道を必死に探し出そうとしていた。まるで違ってますね、と何度もつぶやきながら。奥崎、やがてあきらめてオフィスの前庭の片隅に、許可を得て卒塔婆《そとば》を立てることにした。スコップで土を掘り、卒塔婆を立て、野の花を摘み、供え、黙々と作業をする奥崎を撮る。アングルをいろいろ変えながら。ソルジャーたち見守っている。そのソルジャーたちが奥崎の背景に入るようなアングルも、オレとしては、さりげなくふうに動き回りながら狙う。

三十九年前に、ここでお世話になったお礼に、村長にお金をあげたい、と奥崎が言いだした。ソルジャーたち、ゾロゾロと村長の所へ案内してくれる。唐突な申し出に、キョトンとした表情の村長に、厚さ約十センチの、ギョッとするほど分厚い、ルピアの札束（あとで聞くと、日本円にして二十万円分とのこと）を、奥崎は丁寧に差し出した。これは、もちろん撮った。取り巻いているソルジャーたちの興味津々の顔、顔、顔。昼食、奥崎は持参の飯盒のご飯を、うれしそうに食べる。

アルソーの現在の状況をおさえたい。いい手はないか、と考える。ソルジャーたちに記念撮影をさせて欲しい、と申し込む。のってきた。スチールカメラと交互にムービーも回す。当然、こっちの画の方が本命だ。撮れる画は、なんだって撮っておきたい。

奥崎、今度はソルジャーたちにもお金をあげたい、と言った。キツネにつままれた態のソルジャーたちにお金を配る奥崎。オレは、彼らに対して失礼になりはしないか、と気になって仕方がなかった。

夜、食事をしながら、「これで憑き物がおちたような気持ちです」と奥崎は、本当に、上機嫌だった。

三月二十三日（水）

本日の、アババンダイに行く予定はとりやめ。奥崎の慰霊の言葉を書き込んだ墓標が、まだ完成していないため。朝食時、ポートモレスビーからバニモへ行き、セスナかヘリコプターをチャーターして、バニモからアルソーへと三十九年前歩いた道を空から探す、と奥崎は言った。驚いた。昨日アルソーへは行ったものの、三十九年前の自分の歩いた道を見つける事ができなかったことに、こだわっているのだ。オレの中に新たな不安が生じた。バニモからアルソーへ近づくということは、国境線を越えることになるわけだが……。

午前中は、その、ポートモレスビー行きのための手続き。

夜、奥崎はアルソー行き、ひとまず成功の報告を、神戸の妻シズミに国際電話をかける。

三月二十四日（木）

アベパンダイへ。海辺の村だ。アルソー、デムタと並んで今回の旅の目的地の一つ。日本兵慰霊塔があるのだ。奥崎はここに自分の作った墓標を立てた。村人たちが大勢、取り囲んでいた。奥崎、バナナの木を切ってくれと言う。バナナの高さ四〜五メートルくらいのでっかい葉が辺りを覆って、薄暗かったし、わずか数メートルの近さにある海も、チラッとしか見えなかった。亡き戦友たちに、よく海が見えるように、と。このバナナの木、村人たちの収入源であり、生活の糧だった。亡き戦友のためとはいえ、奥崎の方がエゴイスティックではないか、と思えた。奥崎は、バナナの木、一本でいくら、の計算で買い取るから切ってくれというのだ。数人の村人たちが作業を始めた。鎌の一撃か二撃で簡単に切り倒されるバナナの木。カメラを回しながらイヤな気分。酔っぱらった男が一人叫んでいた。ジャパン!! バナナの木を切ることに抗議しているのだ。ますます憂鬱になる。付き添ってきた警官に、オレはイヤなんだ、というゼスチャーをする。警官も頷く。

視界はアッという間に開け、海の展望が目の前に広がった。ここまでは、撮った。酔っぱらい男がなおも叫び、近づいてきた。まだ若かった。オレと目と目があった。オレは、ユーアーライト、アイアムソーリー、と言うと、酔っぱらい男、通じたのか、握手を求めてきた。一連の作業が終わり、お金を手渡してる奥崎の姿をオレは、またお金かとうんざりして、カメラを回そうか回すまいか、しばし逡巡の後、結局撮らなかった。いや、どうしても撮れなかったのだ。

三月二十五日（金）

今日は奥崎にとって最悪の日、一日中、アングリーだった。

まず一発目。朝の挨拶が終わるや、昨日のアベパンダイで村の老人が石碑のカケラをセメントでくっつけていたのを撮ったかと問う。気がつかなかった、と答える。ここから奥崎の怒りが始まった。「原さんは、あの慰霊塔のある囲いの中に気持ちを集中すべきだったんです。集中してれば、気がつかないことはないはずでしょ」アベパンダイの村の実景を撮るために離れた時の出来事らしい。「あの老人の行為は、誰に頼まれてやったわけではないんですね。私にとってそのことが最も大切なんです。そんな大事なシーンを気がつかないなんて、原さんは本当にダメな方ですね」奥崎の言の言い分を聞きながら、もし、その時いてもオレは撮らなかったかもしれない、と思う。奥崎の言うことはわかるし、その老人の行為に価値を感じないわけではないが、この映画にとっては、やっぱり不要なシーンだと思う。

二発目。「原さんは、私が警察官にお金を渡して、その警察官が村人にお金を配っているところを撮らなかったでしょ！」そのとおり、オレにはどうしてもカメラを回す気になれなかったのだ。「ハイ」と答えるやいなや、奥崎は凄い形相で絶叫したのだ。「俺の金は、そんなに汚い金か!?　俺の金は女房と二人でつましい生活をして貯めた金だぞ！　それを何故、キサマは撮らないんだー!!」怒鳴られながら気がついた。奥崎にとってあのお金は、お布施だったのだ。オレは、すぐお金で自分の想いを遂げようとする日本人の悪い癖だと奥崎に反発を覚えて、撮らなかったのだが、たしかに奥崎の心情を理解できていなかった。奥崎にとって亡き戦友たちへの慰霊のために、身銭をどれだけ切れるかが、価値を図る具体的な基準なのだ。

奥崎とオレとでは、金に対する感覚が決定的にずれていたのだ。率直にオレのミスを認める。あの時、イヤだなという気持ちを押さえても、回しておくべきだった。それがドキュメンタリストとしての最低の資格じゃないか、と思えてきた。奥崎に怒られても弁明の余地なし。これっきり映画はやめます、原さんたちは日本へ帰ってくれ、と言われるが、じっと耳を傾けるしかなかった。朝六時半から奥崎の怒りが始まって、これで終わりだから食事は一緒にしましょう、とホテルのレストランでメシを食いながらも続いて、昼すぎになってやっと収まった。安岡と二人で、とにかく詫びた。奥崎も何とか気を鎮めてくれた。

だが、奥崎の怒り、ここまでは序盤でしかなかった。日本人姉弟を東ニューギニアへ連れて行きたい、と切り出したのだ。日本人として最初にその土地を踏むのは自分だ、という姉の心意気は、〝自分だけしか成し遂げられない〟ことを追及している奥崎と、ある部分で共通しているのだ、と強調するのだが、オレには、どうこじつけられたって、この映画にとってその姉が意味を持つとは思えなかった。だが今の今まで奥崎の怒りにつき合っていて、ここで反論すると必ずぶり返すのは必至、頷くしかなかった。

その姉弟、ニューギニア高地の秘境へいく目的を達して、今日ジャヤプラに戻ってくることになっていた。奥崎、姉弟を出迎えるため、空港へいく。オレとしては撮るしかない。姉弟、いきなりカメラを回すオレたちを見て驚くことはわかってたが、仕方ない。シュートする。待つ奥崎の顔。驚く姉弟。奥崎、近寄って笑顔で迎える。姉、びっくりしたものの奥崎の出迎えには感激している様子。その姉が、涙を流したのだ。そして奥崎に向かって、手を合わせて拝んだのだった。それは、拝んだわけではなく、現地式の挨拶のやり方を真似たにすぎないのだろうが、日本人のオレには拝んだように見えた。たぶん、奥崎にも、そう見えたはずだ。奥崎にとっては、自分に手を合わせてくれただけでなく、涙まで流してくれた、と。

空港からホテルに向けてスタートした車の中で、奥崎は、一気に、全てを姉に喋り始めた。姉の涙に刺激されてか、奥崎も涙を流しながら、とり憑かれたように次第に声を荒げて。自分は前科三犯で、アルソーへいったこと、元中隊長を殺そうと思っているが、自分の暴力は正しいと思っていること、戦争体験のこと、など。ここへ来たのも、自分の映画を撮るためで、この人たち、つまりオレと安岡は、島本イセコの孫ではなく、原監督と安岡助監督なんです、と正体を明かしたのだ。オレもバツがちょっと悪くて、カメラをとめて、よろしく、と挨拶はしたのだが。姉弟にすれば、胸に島本イセコの写真をくくりつけた老人と、その写真の孫が、単純に慰霊にきているとの説明を信じていただろうから、いきなり私は天皇にパチンコを撃った男です、と自己紹介されて面喰らっただろう、とオレも同情気味だった。

ところが、次のくだりにはオレも仰天させられてしまった。「私は告白しますが、ここでSEX

を二回しました」と言ったのだ。相手は、マッサージ師の女性とのこと。そう言われれば、二、三日前、疲れて体の節々が凝ってるので、と奥崎がマッサージ師を呼び、ニューギニアロケのひとコマと思い、マッサージを受けてる奥崎を撮影したことを思い出した、あの時の女性か！「このことは原さんたちには話すまい、と思ってましたが、隠すことより、誤りは誤りとして話すことの方が人間としては立派だと思いますので、お話ししたんです」

ホテルに着くや奥崎、電話代は自分が払うから日本のあなた方の家へ国際電話をかけなさい、と姉弟に言った。姉、遠慮していたが、とにかく申し込む。奥崎、お金は払うから、そのかわり自分があなた方の両親にお話しするところを撮影させて欲しい、と続けた。姉、秘境で蚊にやられてかゆいので病院へいきたい、と言い出した。弟、電話より、病院の方が先だと言う。奥崎、渋ったが納得、電話はいったん取りやめとなった。

しばらくして、オレたちの部屋に弟が一人で姿を現した。オレたちの方も彼らに事情を話しておきたかったのでいい機会と、オレたちの側からの奥崎についての説明をする。弟、空港に迎えにきてもらって驚いたけれど、うれしかった。だが車の中で聞いた奥崎の話は理解できない、奥崎は気がおかしいのではないか。自分たちを撮影したフィルムは使わないで欲しい、と話している時に、奥崎がやってきた。弟を見て、「あ、お姉さん、どうですか」と容態を聞く。お姉さんと話したい、という奥崎に、弟、病気の時は人に会いたくないもんでしょう、と懸命に姉をガード。弟の顔には、奥崎への反感が露骨に現れていた。イライラをつのらせた奥崎、大声で、お姉さんに私の意志を伝えてくれ、と怒鳴った。言葉につまった弟、パッと立ち上り、ドアをバタン!! と乱暴に閉めて出て行った。このことが奥崎の怒りを誘発した。凄い剣幕で、「キサマ、待てっ!!」と弟を追って部屋を飛び出した。

弟、階下へ逃げる。奥崎、追っかける。安岡と顔見合わせて、ヤバイ、とめようと立ち上がった。この時、私はサンダルだったので、いそいでズックに履き替えたが、その動作の分だけ、一足先に飛び出した安岡に遅れることになった。フロントに続く階段を回り込んだ時、フロントから事務室へと逃げ込む弟の姿がチラッと見えた。追いすがる奥崎を安岡が両手を広げて押し戻していた。「キサマ、まだわからんのか! 俺に指図する気か!! 邪魔するな!!」怒り狂っていた。「弟はどこへ行った!!」ホテルのマネージャーとイスカンダルも駆けつけてきた。「姉とちょっとでいいから話をさせろ!」とわめき続ける。オレは、このままではおさまらないと思い、短くていいから奥崎と会って欲しい、と姉に電話をする。姉、イヤがっていたが、やっと承知。フロントに姿を見せた。奥崎、姉をみとめると声を少し柔らげたが、病気なのに来てくれなくていい、ベッドサイドで少しだけ話ができればよかったのに、と不満そう。

姉の方は、部屋に来てもらってはかえってまずくなる、と判断しているはず。姉は奥崎に近づき、黙ったまま頭を下げた。そしてサッと奥崎に背を向けて二階への階段を足早に駆け上がり始めた。

その姉の後ろ姿に、奥崎は「甘えるな!!」と大声で罵声を浴びせかけた。姉、階段の途中でピタッととまり、奥崎の方に向き直った。姉の体が、小刻みに震えていた、一瞬の沈黙の後、奥崎の大声に負けじとばかり姉の口から言葉が噴出した。それも、英語で、だ。奥崎は、さらに激昂した。「キサマ、日本人なら日本語で喋ろ!!」だが姉、英語を吐き続ける。すると奥崎、「Sick, sit down!!」とやったのだ。奥崎が英語で口喧嘩をやってることには、少なからず感心したが、いってみれば、たかが小娘相手に口から泡を飛ばし、怒り狂ってる奥崎を見ながら、切なくて仕方がなかった。

夕方から、アルソー、アベパンダイ行きに同行し、警備してくれている警察官を、世話になったお礼にと奥崎が夕食に招んでいた。その警察官、姉と奥崎の怒鳴り合いを、困ったような顔で見ていた。オレは警察官に、アイアムソーリー、と言った。とにかくこの場を鎮めなくてはいけない。ホテルのマネージャーに姉を部屋へ連れていくように頼む。

警察官夫妻、イスカンダル夫妻と子供たち、ホテルのマネージャー、オレと安岡の顔ぶれで奥崎主催の夕食会が始まった。みんなの表情はぎこちなく、座は白けきっていた。奥崎の気持ちはまだ鎮まっていず、オレと安岡に思い出したように大声を張り上げた。ホテル中の人々が、我々のテーブルを注目していた。食い物が旨いはずがなかった。

夜、奥崎は、姉弟の気が変わって東ニューギニアへ行く気があるなら、私のお金で連れて行きたい、その旨を姉弟に伝えてくれと、ホテルのマネージャーに頼む。マネージャーはOKしたが、口で言うより奥崎の文章の方がいい、と言う。今晩書く、と言って部屋へ戻っていった。今日も、長い長い一日だった。ベッドで横になり奥崎の事を考える。奥崎が想いをかければかけるほど、想いをかけられた相手の拒絶の度合いも深くなる。姉弟が奥崎を拒絶するのは無理のないことだと思う。奥崎の心情も、この頃、やっとわかってきたように思う。だが、奥崎の心情を誰も受け入れないのではなかろうか、とも。奥崎という人、最後まで想いを寄せては拒否されて、そして死んでいくのか、そんな気がしてならなかった。この頃、奥崎が絶叫すればするほど、オレの胸は切なさでたまらなくなってくる。オレは、奥崎と、どう、関われるだろうか？

三月二十六日（土）

奥崎のノックの音で目が覚める。時計を見る。五時十五分。部屋の中で大声を出したくないから外へ出よう、と言う。内心、溜め息をつきつつ、従う。外は、まだ真っ暗だ。近くの空地へいく。「私の怒りはまだおさまりません」、と切り出した。「これは、駆け引きではありません。脅迫でもありません。いやなら、これでもう映画はやめましょう」押し殺したような声で続ける。「二つ条件があります」その一つ、昨晩書いた手紙と私の著書三冊を姉弟に渡して、私のお金で東ニューギニアへ一緒に行くように口説いていただけませんか。もう一つ。軍司令官に奥崎が会いたい、と伝えて下さい、と言った。

姉への執着には、それほどまで言うのならば一応何とかしてみようと思ったが、しかし、軍司令官の方の件は、オレにはどうしていいかわからなかった。陽が昇り始めていた。オレは自分たちの部屋へ戻り、とにかく、姉弟の部屋へ電話を入れた。ちょっとだけでいいから会って欲しい、と頼むが、姉は、これ以上は関わりたくない、の一点張り。弟はフィルムを使用しないでくれの繰り返し。ガチャーン、と一方的に電話を切られてしまった。オレとしては、姉弟が奥崎と同行するとは万が一にもあり得ないと思っていたから、それよりも、奥崎の怒りをやすめるために、穏やかな話し合いの場がもてないだろうか、と思っていたのだが。奥崎が、この結果を聞き、また、荒れたらどうするか、と重い気持ちで報告すると、「それならそれでいいんです、やるだけやれば結果はどうでもいいんです」と、素直だった。

姉弟は今日の昼、帰国することになっていた。オレと安岡は、姉弟がホテルを発つまでは、奥崎が何を言い出すかわからないので、レストランでコーヒーを飲みながらも、奥崎の話に相槌を打ちながらも、時がたつのを、じっと耐えていた。昼前、ホテルのマネージャーが姉弟の出発を、そっと目線で合図をしてくれた時は、さすがに、安岡と目を合わせ、深い溜め息をついたものだった。

安堵したのも束の間、奥崎は、こう切り出した。

「やはり、原さんたちとはこれで別れましょう。私は単独行動をします。どうぞ、東京へ帰って下さい。あとは私の8ミリカメラで撮りますから」

奥崎は今度の旅に8ミリカメラを持ってきていた。オレは、奥崎の声が冷静なのが気になった。いつもと違う。オレに映画をやめよう、とか、帰れ、と言う時は、怒った時だったから。奥崎、本気でここで問題を起こす気らしい、と感じる。どうしたものか、考えては見たものの、どうしようもなかった。まだまだどんな展開になるのかわからないと思い、静観することにした。奥崎、行先も言わず、一人で出かけていった。その姿を見送りながら、どこかへ乗り込むのか、と心配したが、待つしかなかった。まもなく帰ってきた。本屋へ行くつもりだったが引き返してきた、原さんたちはもう不用だろうから、英語とインドネシア語の本を貸してくれ、と言う。

それからしばらく奥崎は、ロビーで若い連中を相手に、ワイワイ、ガヤガヤ、会話集（？）作りをやっていた。奥崎は、今ではホテル中の関心を集め、人気者になっていた。奥崎は電話を申し込んだ。相手は、ウジュンパンダイにある日本領事館。すわっ、とオレは部屋へ戻り、カメラをひっつかんで、フロントへ引き返す。奥崎、受話器をにぎって、べらんめえ口調でまくしたてている。急いで、カメラをシュートする。何事ならん、と大勢の人たちが注目。「俺は天皇にパチンコを撃った男だぞ！」奥崎の切り札が出た。「俺の行きたい所へ行かせるように、お前たちから圧力をかけろっ!!」と大声を張り上げる。だが、声に余裕がある。周囲を取り巻くホテル中の人たちの視線を十二分に意識している。大芝居を打ってるな、と思った。カメラを回しながら、もっとやれ、頑張れ、と心の中で声援を送る。奥崎、電話をかけ終わると、ロビー中を所狭しと歩き回り、派手に手振りを交えながら、オレのカメラに向かって叫び続けていた。「キサマら、わかったか！　奥崎の真骨頂はここにあるんだ!!」

その、カメラに向かって絶叫する奥崎を、たしかに、捉えたゾ、と思った時、フィルムアウトの音が耳に伝わった。オレは奥崎に声をかけた。「奥崎さん、フィルムが終わりましたので、詰めかえてきます」すると奥崎、「はい、わかりました。御苦労様です」と、ピョコリとオレに頭を下げたではないか。オレは嬉しくなってきた。奥崎とオレの呼吸がピタリと合った、と思った。阿吽の呼吸ってやつだ。撮られる側と撮る側の共犯関係、成立！

フィルムを詰めかえ、急ぎ現場へ戻る。奥崎、今度は自分のパスポートを取り出し、高々とかざす。次に、床にたたきつけた。今度はそれを拾い上げ、ツバをペッペッとはきつけた。そして、破ろうとしたのだ。観客である、ホテルの泊まり客や従業員たちが、息を呑んだ。彼らとても、パスポートを損傷するとヤバイと思ったのだろう。安岡が奥崎に飛びかかった。奥崎の手からパスポートを奪い取った。

奥崎、激昂し、「キサマ、まだわからんのかー!!」オレは安岡に、奥崎のやりたいようにやらせておけ、と言いたかったが、とめるヒマもなかった。今度のニューギニアロケの段取りの大半をになってきた安岡としては、パスポートを破りすてれば強制送還にでもなりかねない、と本気で心配してのことだろう。彼の気持ちはよくわかったが、オレは、たかだかパスポートを破ったぐらいでは、たいしたことはないはず、と思っていた。安岡よ、のりにのってる奥崎の大芝居の邪魔をするな!! と言いたかったが、安岡、必至にパスポートを胸に抱きかかえる。奥崎、夜叉の如き形相で安岡につかみかかる。フロア中が大騒ぎになった。従業員たち、奥崎を懸命にとり押さえる。マネージャーが警察に電話を入れた。

ここでフィルムがアウトしたので再び部屋でチェンジしていると奥崎がやってきた。「デムタの村長を撮る気はありませんか」と言う。村長って、誰のこと? と思ったが、即、「撮りましょう」と答えて一緒にフロアに下りる。黒人がいた。筋骨たくましい、若者だった。一応、その黒人に、「シューティング、OK?」と了解をとった上で回す。奥崎の解説によると、彼はデムタ村のキャプテンとのこと。キャプテンって何のことやらさっぱりわからなかったが、奥崎の通訳では訪ねても無理。とにかく撮ることだ。レストランへ場を移した。奥崎は次々に料理を註文し、ビールをデムタ村のキャプテンについだ。男は見事な飲みっぷり、テーブルの上にビールの空びんが一ダース以上並んだ。男、今しがたの奥崎の大芝居を見ていたらしい。だから奥崎がデムタへ行きたがっていることを知り、声をかけたのだ。奥崎も、デムタ行きのとっかかりができそうだと、必死に男をもてなす。奥崎、男にプレゼントをする、と言い、ユアサバッテリーの刺繡の入ったユニフォームをやり、写真機をやった。それだけではまだ足りないとばかり、オレと安岡の顔を見て、あなた方の時計をやったらどうですか? と言った。安岡、オレの顔を見て、首を横に振った。仕方ない。オレは自分の腕から時計をはずした。男は、無論、大喜びだった。この腕時計のプレゼントが効いたのか、デムタ村のキャプテン、自分がデムタへ連れて行ってあげる、と言ったのだ。「えっ?ホント!!」と目の前が明るくなったような気がした。奥崎、何度も男に握手をした。後で考えると、この男の一存でどうなるものではなかったのだが、この時は地獄で仏の心境だったのだ。奥崎、もっと飲んで下さい、とビールをすすめた。テーブルの上のビールびんはさらに二ダースを超えていた。

マネージャーが、ポリスマンがきたからと呼びにきた。フロアに行くと、アルソー行きの決定を持ってきてくれたポリスマンである。正確にはポリスマンというより、軍人、階級は中尉。学校出たての、エリートコースをいく順風満帆って感じの若者だった。だが奥崎への態度は丁重だった。オレはこの中尉と奥崎のやりとりを撮りたかったが、彼の前で16ミリカメラを持ち出すことは、用心をして避けていた。様子を見よう。とにかく、説明して欲しい、という中尉の求めに応じて、奥崎、語り出した。オレたちはもう幾度も耳にしている〝奥崎節〟の全てを。語るにつれて熱を帯びてくる。まもなく熱弁に涙が交じってきた。こうなったらカメラを回すしかない、と決意。中尉にカメラのことを咎められたら、それはその時のこと。正直に言って、ちょっとおっかなかったけど、安岡に目配せして、部屋においてあったカメラとテレコを取りにいき、シュート。奥崎の演説、さらにパワーアップ。中尉、ただ押し黙って聞いていた。カメラを咎めることもなかった。一時間以上にわたる奥崎の独演が終わった時、「あなたの気持ちはよくわかる。もう一度努力してみましょう」と言ってくれたのだった。月曜に、〝決定〟を持って来ます、という中尉の後ろ姿を見送りながら、やっと一筋の光明が見えてきた想いだった。

その中尉との話の中で、先ほどのデムタ村のキャプテン、実は、キャプテンでも何でもなく、ただの、デムタ村の青年《ボーイ》にすぎないことがわかったのだ。中尉が帰ったあと、奥崎は、そのことをなぜ教えないのか、とイスカンダルやホテルの従業員たちに怒っていたが、それは、筋違いというもの、奥崎の早とちりだとしか思えなかった。いかにも奥崎らしいチョンボと苦笑いしたのだった。奥崎、なおもくどくどとこだわっていたが、そのうち、「いや、私は彼を信じます」と、論調が変わっていった。中尉の線で、可能性が出てきた余裕のせいだろうか。

とにかく、奥崎は、今日はよく頑張ったと思う。オツカレさま、と素直に言ってあげたい。今日はそんな気持ちだ。具体的には、日本領事館員や若い中尉相手だが、その背後の、日本、インドネシアという国家相手に大芝居を打ったのだ。

三月二十七日（日）

やっぱり、奥崎謙三は国家というスケールの大きい相手に喧嘩を売って欲しい、としみじみ思う。

八時。アベパンダイ行きの許可がでた。このエリアなら、昨日の若い中尉の責任範囲でOKをだせるので、とのこと。感謝。船も奥崎の希望どおり、エンジン付きのカヌーがチャーターできた。波しぶきをあげて、湾内を走る。奥崎はカヌー上から、かつて自分が歩いた道を見つけ出そうと、目を凝らす。南の太陽の下で、快い風を受けて湾内を疾走する心地よさ。奥崎には申し訳なかったが、久しぶりの気持ちのリフレッシュ。

四十年前の確たる痕跡は、結局見つからなかったが、奥崎は一日、探し回ったことで納得できた様子。

今日は、珍しく、トラブルがなかった。

三月二十八日（月）

今朝は七時に奥崎のノックで起こされる。「朝の一食くらい抜いても大丈夫でしょう、すぐ警察へいって、若い中尉を待ちましょう」と切り出した。「もし、ノーという決定がでてからでは、セスナ機をチャーターして空から、自分がかつて歩いたコースの上を飛ぶ可能性がなくなるんです。私と同行するのが嫌なら、それはそれでいいんです。私は一人でも行きますから。あなたたちはいつでも東京に帰られていいんですよ」てなことを、オレたちの部屋のドアの所で一時間、話し続けた。どうぞ坐って下さい、と一度はすすめたが、ずっと立ったままで。オレたちの同行の承諾の返事を聞いて、奥崎いったん引き上げたがすぐ引き返してきた。「私、今気づいたので申し上げておきますが、私が立ったままなのにお二人ともベッドの上に坐られたままでは、それは私に対して失礼というものですよ。私なら相手が坐られるまで私も坐りませんよ」とまた、約一時間話が続いたのだ。一度、坐ることをすすめたじゃないか、と言いたかったが、口答えすると更に延々と話が続くので黙って聞くしかなかった。ホントに奥崎とつき合うのは、ツカレル。

奥崎、レストランで自分の要求を文章にしたためていると、イスカンダルと若い中尉がやってきた。奥崎、こちらから出向かなくても向こうからきた、わざと待たせたれ、と笑いながら言い、悠々と朝食を済ませ、約三十分後、打ち合わせが始まった。奥崎、さっき書いた原稿を安岡に翻訳させる。セスナ機をチャーターして、アルソー、ホーティカン、アベパンダイ、ゲニム、デムタのコースを空から探したい。中尉は、明日のデムタ行きはOKだ、と言う。オレはそばで聞いていて、あれほど行きたがっていたデムタ行きがOKになったことを中尉に感謝の意を表明してもいいのに、と思ったが奥崎、そんなことはおくびにも出さない。あくまでセスナ機チャーターにこだわる。中尉、セスナ機のことは自分の権限ではどうにもならない、オフィスへ連れていくから上司に話せ、ということになった。

イリアンジャヤの総司令部、今日で二回目の訪問。すでに顔見知りのナンバー2氏が応対してくれた。オレはまだこのオフィス内ではカメラは遠慮しておいた方がいいと判断。奥崎、ナンバー2

氏を相手に、中尉の時と同様、得意の〝奥崎節〟を始めた。まず、涙を流しながらの、〝昭和十九年当時の食う物もなく惨めな敗走につぐ敗走、餓死者も続出〟のくだりは、ナンバー2氏も、わかる、わかる、と優しく聞いていてくれたが、戦後、天皇にパチンコを撃ち、その後も刑罰を恐れず、自分なりに供養、慰霊の行動を続けている、その私がニューギニアを訪れ、行かせていただきたいとお願いしている所に行かせないのは、インドネシア国家の方が私に対して失礼だ、と〝奥崎節〟の内容がエスカレートしてくるにつれて、ナンバー2氏の表情も、だんだん気色ばんできた。ここはインドネシアだ、インドネシアの法律に従え、と口調に敵意が漂ってきた。セスナ機の件はジャカルタでないと、どうにもならない、どうしてもというならジャカルタへ行って防衛大臣に会え！奥崎、負けずに応酬する。ジャカルタへ行く金もないし、時間もない、日本大使館へ電話をかけ、あなたたちにプレッシャーをかけさせる！　奥崎の頑張りにナンバー2氏は、明日デムタへは行かせる、明後日はここから出ていってくれ、もうイミグレーションは切れてる、これは命令だ！　強制退去にはしたくないから、命令に従え!!　奥崎、なおも自分の要求を認めなければ、ハラキリをする、とまで言ったが効き目はなかった。ナンバー2氏、話はこれまで、と席をたっていった。

ホテルのレストランへ戻ってきた。昼食をとりながら、セスナ機チャーターの件、ここでは無理ということを得心した様子、やるだけのことをやって、ダメということがわかればそれは収穫だと思うんです。一所懸命やらないと後悔しますからね、と案外、奥崎はサバサバしたものだ。

そこへデムタボーイがやってきた。「オー、マイ、フレンド、ジャパン、ベリーグッド」と調子よく、盛大にビールを飲み干した。奥崎の奢りだった。「ユー、ただ酒、ナンバーワン!」と奥崎、ヤケクソ気味でつき合っていた。デムタボーイの腕には、先日、成り行き上仕方なくプレゼントしたオレの腕時計が、巻いてあった。返してもらえないか、とチラッと思ったが、オレにも、屈託なく、サンキュー、と繰り返されると言い出せなかった。

夜、ベッドの中で奥崎の今朝の言葉を思い出した。「私はジャカルタへ行って、日本大使館の前で、パスポートに小便をかけて、破ったりしますよ」奥崎のことだ、本当にやるかもしれないな、また、一波乱か……と考えているうちに、ウトウト眠くなってきた。

三月二十九日(火)

体を揺さぶられ、目を覚ます。時計を見ると、夜の十一時。奥崎の部屋へ行くと若い中尉がきていた。デムタへは車で五時間かかる、朝七時に出発しよう、と言う。再び寝直して、六時に起床。雨が降っていた。約束の七時になっても八時になっても、中尉もイスカンダルも姿を現さなかった。心配になり、総司令部へ電話を入れると、イスカンダルがいた。デムタへの道路は雨が降るとすぐぬかるみになりやすい、今、道路状況を問い合わせてる、と答えた。しばらくして、中尉がジープを運転してきた。今日は自分が車を運転して連れていってくれる、という。シートの下に、小銃が置いてあった。八時五十分、出発。デコボコ道をぶっ飛ばした。尻が痛かったが、デムタへ行けると思うと、気にならなかった。ところが、一時間くらい走ったろうか、パンクしてしまったのだ。急いでタイヤ交換。

道路はこれから先ますます悪くなる、雨の影響で不通の可能性もある、と中尉の判断で、陸路のコースを、海路に変更することになった。近くの海岸の村へ向かった。中尉、駐在所ふうのオフィスで段取りをしてくれる。銃を持った兵士が三人、警護にあたってくれる、とのことで加わった。エンジン付シップに乗り込みスタート。奥崎は大喜びだった。昨日の雨とパンクが良い結果をもたらした、これは最高のコースです、と。全くその通りだと思った。我々の背に正三角形の形のいい、ミニ富士山といった趣の山が聳《そび》えていた。その山をバックに、行く先を見つめる奥崎を、できるだけカッコよく、撮った。外洋へ出た。波が荒い。しぶきがかかる。二〇〇パーセント不可能と言われていた、最終目的地へゴールするのだと思うと心は弾んだ。二時間あまり、奥崎の顔が緊張してきた。岸辺に近づいていった。ここがデムタです、と案内の男が言った。山が海岸までせり出ていて、わずかな白い砂地に、粗末な小屋が四、五軒見えた。奥崎、せわしなく、食い入るように景色を眺め回していた。やがて絞り出すような声で言った。「まちがいありません。ここです。捕虜になってここに連れてこられたのです。はっきり覚えています」

だが、ここへ上陸はしなかった。デムタは、奥崎が捕虜になった部落ではなかった。捕虜として収容されたキャンプ地だったわけだ。奥崎は捕虜になった村へ行きたい、ここからすぐの隣の部落のはず、と言い出した。イスカンダル、デムタという約束だったはず、とその顔は渋ってたが、奥崎の必死の表情を見て、結局、口には出さなかった。再びシップは外洋へと乗り出した。奥崎、移っていく海岸の景色を凝視し続ける。デムタで乗りこんだ男に、奥崎は尋ねた。「部落の中央に道があって、両側に家があって、白い砂浜があって、そこを自分は青いバナナを持って、這っていったが、そんな部落はあるか」と。男はある、と答えた。自分がこれから行く部落だ、と。舟で一時間の距離、と言う。一時間と聞いて奥崎は首をかしげる。すぐ隣の部落だったと思うが……。

デムタから突き出ている岬を回り込んだ所に、家が見えた。部落らしい佇《たたず》まい。「あの部落ではないか」、と奥崎、男に尋ねる。あの部落には砂浜はない、リーフだ、との答え。奥崎、何度も首をかしげる。そのうち、男が言っていた部落に着いた。部落名は、タルフィアというのだそうな。岩が舟底をこする、というので沖合に停泊した。約五十メートルの距離を、太腿まで波につかりながら海中を歩いた。奥崎、急《せ》くように上陸すると、一気に部落へと突き進んだ。たしかに道もあります。ここです、まちがいありません、と興奮気味の声。そのまま、さらに奥へと入っていこうとするのを、やっと追いついたイスカンダル、あわてて奥崎を止めた。ちょっと待ってくれ、ここのチーフに挨拶をして欲しい、と言われ、奥崎、思いとどまる。村の長老たち三人がやってきた。奥崎、頭を下げるや、村のはずれに行きたい、と即、歩き出した。村人たちが大勢出てきて、物珍しげな視線を向けていた。三十九年前に一人のジャパンソルジャーがここへ来て捕虜になったことはないか、と身振り手振り交えて必死に奥崎は問うた。長老たち、頷く。一人の老婆が出てきた。覚えてる、と言った。奥崎、ウー、と声を発した。感極まったかのように、老婆の両手を握りしめた。そして、奥崎はその老婆の手に口づけをしたのだ。

浜辺へ行こう、とオレを誘う。こういうふうに、三十九年前、私は匍匐《ほふく》前進をしたんです、と実際にやってみせる。もちろん、撮れ、ということだった。

「私、三十九年前にお世話になったお礼にお金を差し上げたいんです」と、今回は日本円の一万円札で二十万円、奥崎は長老たちに手渡した。

帰りの時間が迫っていた。陽が落ちると海上は危険だから、とイスカンダルが気を揉んでいた。オレは、このタルフィアの部落を撮りたかった。意外と小綺麗な部落だった。一見、観光用にしつらえた感じがするくらいだった。二、三カットしか撮れなかった。イスカンダルにせかされて、再び海中を舟に向かった。村人たちが総出で、我々に手を振って見送ってくれた。次第にロングに遠去かるタルフィアの部落。夕焼けが、真っ赤だった。美しかった。潮風を浴びて、私は、これでクランクアップできるんだ、と深い、深い安堵感に包まれていた。ここまで、長かったという想いと、遠かったという想いとで、センチに浸っていた。奥崎はどう思ってるかな、と後ろを振り返った。ドキッとした。奥崎、しきりに首をひねってるではないか!! イヤーな予感がした。しかし黙っていた。下手なことは言えない。奥崎、オレの顔を見て「タルフィア村ではない、と思うんです」とつぶやくように言った。えーっ!? 冗談じゃない、とオレは心の中で叫んだ。今さら絶対に聞きたくない言葉だった。もう、これで終わったんだ――。聞こえないふりをして、語調を強めてオレは言った。

「奥崎さん、おめでとうございます。よかったですねー」と。

「ハァ、ありがとうございます。これも原さんたちのおかげです」と、奥崎の言葉、どこか虚ろだった。

夕焼けと潮風に酔う気分なんて、すっ飛んでしまった。さっきの老婆相手の大感激は一体、何だったんだ!? 九時すぎにホテルに帰り着いた。奥崎、皆さんにお世話になりました、と、イスカンダル、若い中尉、前半、護衛につき合ってくれた警察官を食事に招く。頭を下げる奥崎。

デムタボーイがやってきた。我々にみやげ、と言って、現地人が使用する竹ヤリ、竹で編んだ腕輪をくれた。いいところ、あるじゃないか。嬉しかった。奥崎はデムタボーイを、名はニクソンというのだそうな、ロビーのソファに坐らせ、アレコレ質問を浴びせ始めた。

デムタ村とタルフィア村の中間の部落には、道はないか? 砂浜はないか? デムタから乗り込んだ男はないかと言っていたが、私が捕虜になった部落は、その部落ではないかと思うんです。デムタにもっと近かったと思うし、山から下ってきてすぐに部落があったはずです。タルフィア村のすぐ後ろには、山はありませんでした。等々。

オレはタルフィア村の風景を思い起こした。確かに、山影はなかった。デムタとタルフィアの中間のその部落は、舟の上から見た記憶ではすぐ背後に山があった。ニクソン君、果たして奥崎の指摘に首をたてに振ったのだった。その村の名をニクソン君が教えてくれた。〝アンボラ村〟というのだそうな。

戦後三十九年目にして、奥崎は自分が捕虜になった部落の名を知ったのだ。

「もう、間違いありません。私が捕虜になった村は、今日行ったタルフィア村ではなく、アンボラ村です。ま、これはこれでいいです。私は、また来ますから。今度は家内を連れて来ます。すぐ近くまで行っていながらアンボラ村に行けなかったことは、神の思し召しだと思うんです。この次にはアンボラ村へ行けると思うんです。アンボラ村に行けることを励みに、私はこれからも頑張れるわけですからね」奥崎はオレたちにというより、自分に言い聞かせていた。オレはこの奥崎のセリフを撮りたかった。ラストシーンのセリフとしては、タルフィアでなかったことが、逆に奥崎らしい、と思い始めていたから。今回のニューギニアロケでフィルムを百フィート巻（約二分半）を五十巻持ってきて、今まで四十九巻使い切っていた。実は、今朝奥崎から、ここの警察には随分お世話になりましたのでお礼を言いたい、ついては私がお礼を言う場面を撮っていただけませんか、と頼まれていたのだ。オレは快諾した。奥崎、こんなに頑張ったのだから気持ちよくＯＫしてあげよう、と。16ミリカメラ持込みの許可をとっていなかったことなど忘れていた。だって警察官も、中尉も、オレが撮影していても何も咎めなかったし、彼ら自身をも撮ったが、トラブルは一切なかった。心配するほどのことはなかったのだ。だから躊躇なく、奥崎の申し出を聞き入れたのだ。そのシーンのために、百フィート一本だけ、キープしていたわけだ。

オレは明日、奥崎が警察で礼を言う場面を撮るためにフィルムを残しておくべきか、今この奥崎の再度のニューギニアの旅への決意のセリフを撮るべきか、大いに悩んだ。悩んだ末フィルムを明日のために残すことを選んだ。今度のニューギニアロケの最後の、晴れの舞台として奥崎が折角いい気分で、カッコよく演じるつもりだろう、その期待を裏切りたくない、と思ったのだ。

この原稿を書きながら、考えても仕方のないことなのだが、しかし、〝もし、あの時〟という幾度も当時繰り返した、悔しさが煮えたぎる想い、い、い、い、い、が、蘇ってきた。〝もし、あの時〟奥崎の決意の言葉を撮るために、たった一本残しておいたフィルムを使っていたら、オレの一生で最大の禍根になるであろう、忌しい〝ビッグ・トラブル〟は発生しなかったのに。しかし、神の身ならず、超凡人のこのオレに、明日のことなどわかるはずもなかった。いや、その〝ビッグ・トラブル〟こそが〝神の演出〟なのか、と、今は、ふと思ったりするのだが……。

三月三十日（水）

六時すぎに目が覚めた。安岡がいない。隣の奥崎の部屋から話し声が聞こえてきた。まもなく安岡が戻ってきた。今、奥崎の文章を訳していた、と言う。今日警察で、イリアンジャヤの総司令部のことだが、奥崎のお礼の言葉を言いたい、そして、その場面を撮らせていただきたい、という内容。

九時すぎ、ホテルを出発。撮影が終わったらその足で空港へ、そして東京へと帰る態勢で荷物も積んだ。総司令部に着いた。ここへ来るのは三回目。まず、イスカンダルと安岡が、奥崎の手紙を持ってオフィスへと入っていった。ほどなく安岡が戻ってきて、オレに指でOKサイン。カメラを用意する。奥崎、にこやかに「まずスタンバイしといて下さい、私はあとで入っていきますから」とのたまう。いい気なもんだ、とチラッと思ったが、これで最後と思うとそんなに気にはならなかった。

オレはカメラを手に、安岡と二人でオフィスへ向かった。すでに顔見知りの、ナンバー2氏がニコニコしながら迎えてくれた。その、ナンバー2氏の視線がオレのカメラへ走った。サッと顔色が変わった。ちょっと待ってくれ、と言いおいてあわててオフィスから出ていった。安岡と二人、取り残された。何かが、きっと、何かが起きる、不安が一気に膨んだ。飛行機の出発が迫ってるのに。何分間待っていただろう？　オフィスの壁の時計の秒針の音が、ヤケにでかく耳へ響いた。奥崎が顔を出した。どうしたんだ、いつまで準備に時間がかかってるんですか、と叱るような調子で言った。いや、実は……、と事情を話してると、ナンバー2氏が戻ってきた。二人の男が一緒だった。情報局の役人とそのアシスタントだという。その情報局の役人、オレを睨みつけ、フィルムを出せ、と言ったのだ。ウワーッ！　最悪の事態だ。一瞬、どうしよう、と考えた。が次の瞬間、奥崎が、怒鳴ったのだ。「オー、フィルムぐらい、くれてやる!!」万事休す!!「フィルムを全部持って来い！俺の言う通りにしろ!!」

オフィスを出て、駐車してある車に着く。必死に考える。どうする？　どうする!?　四十九本の撮影済みフィルムは、X線防止用の鉛の入った包装紙に、二つに分けて荷造りし、カバンの奥深くに入れていた。取り出しながら安岡に「半分だけ、持って行こうか？」と言うと、安岡は激しく首を振った。「かえってヤバイですよ」フィルムを両手に抱き、再びオフィスへと引き返しながら、気が失せそうな感覚が襲う。太陽がヤケに白っぽく映る。何かいい手はないか。何とかしないと、全てが、パーになってしまう!!　フィルムを渡すのは嫌だ、と真向《まっこう》きって拒否してみようか？　そしたら監獄にぶち込まれるのだろうか。オフィスの応接用テーブルの上に、四十九巻全部のフィルムを積み上げた。

奥崎、そのテーブルに上り、胡座《あぐら》を組んだ。「テメエら、このフィルムをとれるもんなら、とってみやがれ!!」と絶叫。アシスタントの男、いきまく奥崎とオレたちを写真にパチパチ撮る。さらに奥崎の喋りをカセットテレコで録音する。「俺は天皇にパチンコを撃った男だぞ!!」奥崎としては、下手に出るよりは、といつもの自分のペースに巻き込もうとしての、大芝居を打ってることはオレにもわかった。ナンバー1氏がきて、奥崎を睨み付けた。飛行機の出発時刻の十一時はすでに過ぎていた。こうなったら腰をすえてやったる!! と息巻く奥崎。イスカンダル、怒りと哀願で真っ赤になりながら、飛行機は二時に出発するから、ここから出て行ってくれ、と言う。オー、権力は飛行機を遅らせてまで、俺を追い払いたいのかー、と叫ぶ。

これは後でわかったのだが、単に到着が遅れたために、自動的に帰りの便の出発が延びただけだったが。フィルムを真ン中に奥崎の絶叫と、総司令部の軍人、情報局の役人の威嚇の応酬が続いた。オレは情けなかった。なす術がなかった。事態が好転するように祈るだけだった。「このフィルムはインドネシアにとって損になるような事は撮ってない。戦友の慰霊と、昭和十九年にお世話になったお礼にお金をあげたんだ、その俺を撮ったフィルムをキサマら、とってみやがれ、恥をかくのはテメエらだぞ!!」奥崎は自分の〝理〟を展開するが、もちろん、日本語、相手に通じる訳がなかった。「フィルムは預かる、書類にサインしろ!」とナンバー1氏の軍人。「誰がサインなんかするか!!」と奥崎。問答はこれまでとばかり、フィルムを抱きかかえて、さっさと持って行ってしまったのだ。

私のメモはこのあとも延々と書き込まれているが要約することにする。

安岡が別室に呼ばれて、このフィルムはジャカルタへ送ることになるだろう、日本大使館を通じて交渉した方がいい、と耳打ちされてきた。奥崎も、総司令部を飛び出したものの〝フィルム預り証〟をもらっといた方がいいと判断して、イスカンダルが受け取りに行った。ホテルへと戻ったのだが、ホテルの従業員たち、あきれ顔。奥崎は領事館へ電話をかけ、キサマら何とかしろ、と息巻くが、見放したという感じ。奥崎は、こうなったら徹底的にやりますからね、ジャカルタの日本大使館でパスポートを破ったりしますから撮って下さい、少しは困らせてやりませんとね、とあくまで強気。現地通訳のイスカンダルは献身的に奥崎の〝無理難題〟によくつき合ってくれたと思う。その彼が今日の一件でさすがに腹にすえかねたと契約料として払ったドル札を奥崎につき返して、もう完全におりた、と言い放って姿を消してしまった。

翌日ジャカルタへと飛んだ。早速、日本大使館へ行く。奥崎は〝大使館〟のプレートの大の文字を小にペンキで〝大日本低国小使館〟と書き変えてやる、と闘志満々だったが、応対に出た柿沼総領事という人、温厚な人柄で一時間以上奥崎の話に終始穏やかに耳を傾け、

「わかります。奥崎さんのお仕事やお気持ちはよくわかります」

と言ってくれたのだ。できるだけの事はさせていただきます。フィルムは戻ってくると思いますよ。ただインドネシアという国は時間がかかる国ですから日本へ帰ってお待ちいただいた方がよいでしょう

ね。パスポートを破ることもなく、プレートをペンキで書き変えることもなく、奥崎は機嫌よく引き上げたのだった。

帰国後

成田へ向かう機内で、奥崎はサービスのウィスキーのおかわりを注文しながら、私、こんな酒飲んだことないんです、おいしいですね、と顔を紅潮させ、上機嫌だった。

「原さんは、とられたフィルムは戻ってくると思われますか。私は絶対に戻ってくると思ってますよ」

「戻ってきて欲しいですね」

と、私は力なく答えた。

成田空港に到着。入国審査のため、他の乗客達と共に並んでいた。やがて奥崎の順番になった。奥崎、審査官の前に進むと、自分のパスポートを審査官の目の前に突き出し、クシャクシャともみくしゃにしたのだ。私は驚いた。審査官、どうするか？　騒ぎになるか？　私は緊張して見守った。審査官、じっと奥崎を見ている。奥崎、今度は、パスポートにツバをペッ、ペッと四〜五ヵ所にかけ、挑発のまなざしで審査官にさし出した。何か起きるか？　審査官は当惑したような顔で、パスポートを受け取り、ツバの部分に手が触れないように頁をめくると、ポンとスタンプを押し、パスポートを返した。

日はすっかり暮れていた。私はリムジンバスに荷物を運んでいた。奥崎はしきりにキョロキョロしている。何ですかとたずねる。おかしいですね、警視庁からきているハズですがねえ、と言う。言われてキョロキョロと見回してみたが、それらしい車や人間はいそうになかった。いるはずはないだろう、と半ばあきれながら、我々の帰る便の時刻を彼らは知らないわけでしょう、と答える。奥崎はなおも、いいえ、日本の警視庁は優秀ですからね、航空会社にずっと連絡をとって、いつ私が日本に帰ってくるか調べてると思います、となおも闇の奥を見回していた。

リムジンバスの最後尾に、私は奥崎と並んで坐っていた。成田を出発してから奥崎はずーっと後方を見つめていた。

「原さん、アレだと思いますがね、警視庁の車は」

私はうんざりしながら後方に体の向きを変え、窓越しに闇を見つめた。かなりのロングにヘッドライトが見えてはいる。しかし走っている車は一台だけではなかったし、ロングすぎて、アレが警視庁の車だと断定できる手がかりは私には全くなかったし、やはり到底、警視庁の車がついてくるハズがないと思っていた。相当に疲れていた。奥崎との受け答えがぞんざいになっていた。そうですかねェー、と口調が、ついつい、露骨に、軽蔑気味に出てしまったのだ。奥崎、さすがにムッとしたが、まだはっきりと確認できたわけではなかった。イヤ、まちがいなくアレは警視庁の車です、と座席に上がりこんで体を窓にくっつけるように闇を凝視していた。仕方ない、心の中で、舌打ちしながら、つきあい上、私も後方に目を向けた。うん!?　そう言われてみると、私たちのリムジンバスと一定間隔のまま、走っている。他の車はスピードアップして、次々とリムジンバスを追い抜いていく。だが一台だけ、ソノ車だけは一定速度で走行している。ふっと気になったが、まさか、という思いが依然強かった。のんびりと、リムジンバスにくっついて運転しているだけかもしれないじゃないか。しばらくすると、ソノ車とリムジンバスとの距離が少しずつ縮まってきた。奥崎は凝視したまま、私もソノ車をみつめていた。ゆっくりと間隔をつめてくる。やがて、車の輪かくがわかるくらいに近づいてきた。だが追い抜く気配はなかった。リムジンバスと同車線をピタリと尾いてくる。さらに間隔がつまる。奥崎はなおも凝視している。私もつり込まれて、身を乗り出す。やがて、車内の人間の顔が判別できるくらいに接近した。すると、なんと、助手席の男が、こっちに向かって、ピョコンと頭を下げたのだ。アーッ!!　と私は声にならない叫びを心の中であげていた。その助手席の男、ニコッと笑ったように思えた。次の瞬間、ソノ車はスピードをあげて一気にリムジンバスを追い越していった。この直後である。奥崎がもの凄い勢いで私に怒鳴り始めた。

「原さんは、ホントにダメな方ですね!!」

身がすくみ上った。だが、もう取り返しがつかない。奥崎は自分の判断が的中したことを誇示すると同時に、私のさきほどの軽蔑口調に対して、いたく自尊心が傷つけられ怒っているのだった。弁明のしようもなかった。

「私はこうして普段から常に自分の勘を訓練してるわけなんです。そうしませんとね、本当に大きな、人類のための仕事なんてできないんです。そういう私に対してね、あなたはね、私と対等と思ってらっしゃるような言葉、態度をおとりになってらっしゃいますが、私に言わせれば十年早いっていうんですね」

奥崎の顔が三十センチと離れていないところに迫っていた。ランランと光る窪眼に睨まれて、ますます私は縮み上がった。前の座席の乗客達が何事かと振り返って見ていた。私は恥かしさと自分のチョンボがひきおこした情なさとで血が逆流していた。奥崎の怒りはますます膨脹した。

「原さんはですネ、何故、私のことを先生とおっしゃらないんですか？　原さんがですね、私の一番そばにおって、私の判断、行動をみとられるわけですね。そうしますとね、一番先に、私を先生と言って下さるんじゃないかなあ、と思ってたんですが、今まで一度もおっしゃらない。警視庁の刑事達が、先生、と呼んで下さるのに、ですよ。原さんはポリ公以下ですね。私を心から尊敬していますとね、先生と言えるはずなんですね」

〝先生〟と呼ぶことを迫られる時がいつかくることを覚悟はしていた。その時が、遂にきた！　と思った。

こんな衆人環視の中で、バカだ、ダメだ、と罵倒され、コケにされて、尊敬なんかできるわけないじゃないか、と内心、弱々しくつぶやくだけだった。

翌日外務省と、インドネシア大使館を回り、フィルム返還の努力をしてくれるよう申し入れて、奥崎は神戸に帰っていった。私は奥崎を東京駅に見送りながら、当分、顔も見たくない、と思っていた。

しばらくたって奥崎から電話がきた。東ニューギニアに行くという。現在のパプアニューギニアである。パプアニューギニアの入国は何の問題も無く、簡単だった。パプアニューギニアから入国して、西ニューギニアとの国境近くまで行ってヘリコプターをチャーターして、空からジャングルに米を撒く、という。私に一緒に行って、撮影して欲しいと言うのだ。餓死した元戦友たちの慰霊のために、空から米を撒きたい、とは、さきのニューギニアロケでも聞かされていた。だが果たせなかったのだ。その果たせなかった行為を西ニューギニアがダメなら東ニューギニアから入ってやる、という奥崎に凄い執念だと改めて恐れ入った。ニューギニアのジャングルを、空撮で撮れることは魅力的だった。空から米を撒く行為が、画になることを奥崎はよく知ってることも感心したのだ。同行したいと思った。だが、先日のリムジンバスで受けた屈辱感の熱い火照りの記憶が体に蘇ってきた。あの時の悔しさが、奥崎の申し出を否定の方向へと転換させた。空から米を撒く行為はたしかに画にはなるだろうが、いかにも、それらしい場面にしかならないだろう。二〇〇パーセント行けないと言われていたスリリングで危機感に満ちた西ニューギニアの旅を通過してしまった今、安全なパプアニューギニアなんて面白くもなんともないじゃないか。もし西ニューギニアのフィルムが取り返せないのなら、ますます、そんならしい画なんか使いたくない。考えた末、未練はあったが、断った。

さらに、しばらくたって奥崎から電話があった。

「私、東ニューギニアへ行ってきました。私の計画通り、国境近くまで行ってセスナ機をチャーターしてジャングルの上空から米を撒いて私なりの方法で慰霊行事をしてきました。私は原さんに撮影していただかなくても、やることはやるんです。やった行為は私が文章で記録としてのこせますからね。私を甘くみないで下さい!!」

ガチャンと受話器を切る音が響いた。

小林と私はインドネシアに没収されたフィルムを取り戻す努力を重ねていた。

決して政治的プロパガンダとして使用するのではないこと、ニューギニア戦の死者たちの慰霊の記録なんだと主張することにした。インドネシアに強い政治家のコネを探した。建て前は建て前として現実にはお金の問題だった。金額はいくらかかるのか見当もつかなかった。初め五十万円くらい、というのが、百万円になり、三百万円になり、五百万円へとはね上がっていった。私たちにすれば巨額、プロデューサーの小林は頭を抱え込んでいたが、それでも私は欲しかった。

この私たちの動きは、あえて、奥崎には知らせなかった。だが奥崎の、インドネシア大使館や神戸の領事館へ、ほとんど脅迫に近い内容の電話をかけたり、なんとインドネシア大統領あてに、これまた脅迫まがいの手紙をだしたり、力ずくで取り戻す動きは、知っていた。

ニューギニアロケから帰国して半年が過ぎていた。

その日、私はたまたまTVの仕事をしていた。ロケ先で昼食を食っていた。その食堂のTVからアナウンサーの声が飛び込んできた。「元中隊長の息子に銃を発射して逃亡した犯人は、奥崎謙三……」

やったァ!! 本当にやったんだ!! 私は一年前の〝古清水の殺しの場面を撮っていただけませんか〟と迫ってきた奥崎の顔を思い出した。しかし、アナウンサーは息子を撃った、と言ってる。何故、息子を!? 古清水元中隊長ではなく、どうして息子なのだ!? しかも犯人は逃走中、とのこと。奥崎は事件を起こした後、即、私がやりました、責任をとります、と自首していたのに、今回は何故逃走したのか? 表に飛び出して、赤電話をひっつかんだ。

「うん、びっくりしてる。今、警視庁から問い合わせの電話が入って、奥崎さんの行方を知らないかって言われたの。もちろん知ってるわけないから、知らないって答えたけど……」小林の声も心配そうだった。

古清水元中隊長を撃つつもりで出かけた奥崎は、古清水が不在で、たまたま応対に出た息子に発砲したのだ。〝息子でもよかった〟の記事に、奥崎の〝ド外れた破天荒さ〟にやっと慣れたつもりでいた私も改めてショックだった。だが私にとって、さらに大きなショックが待っていた。

二日後、奥崎逮捕のニュースが伝わってきた。そして二日間行方をくらましていた理由を知った時、文字通り、目の前が真っ暗になったのだ。

奥崎のターゲットは古清水元中隊長だけではなかった。自民党田中派系の某代議士、四国に住む南京虐殺事件の関係者、そして、なんとインドネシア領事館員も！　領事館を狙った理由は、ニューギニアで没収されたフィルムを返さないから!!　なんということを!?　結果としてインドネシア領事館員に具体的な危害を加えなかったが、〝犯行の意志〟が報道された以上、インドネシアがフィルムを渡すはずがない!!　失意のどん底に突き落とされた気分だった。もう、絶対にフィルムは返って来ないんだ。〝ニューギニアへ行きましょう〟という目標は曲がりなりにもゴールに到達したというのに。肝心の、そのゴールのシーンがないのでは、作品になぞ、できっこないじゃないか！　私は映画を放棄したのだった。この映画は、水泡の如く、消えてしまった!!　と。

事件後、私は奥崎のことを、ホンの少しでも思うと、途端に胸がドキドキ、動悸が打ち始めた。広島地方裁判所で第一審の公判が始まった。小林は何度か広島へ足を運んでいた。小林が行けば、気にはなるので、つい、どうだった？　と聞いてしまう。報告を聞きだすと、やはり動悸が激しくなった。〝奥崎症候群〟を患ってしまったのだ。撮影済みフィルムは部屋の片隅に、他の乱雑に積まれた荷物と共に埃をかぶっていた。

二年が過ぎる頃、手元に残ったフィルムで編集するしかないな、と思えるようになってきた。ニューギニアロケ篇の執着は、さめるはずもなかったが、断腸の思いで断ち切った。〝奥崎症候群〟から、やっと少しずつ回復しかけていた。編集マンの鍋島惇に、編集に参加してくれるよう要請した。

編集作業と並行しつつ、私は自問自答を繰り返していた。

〝殺しの場面〟を撮ったかもしれないのだ、私は。では、何故、撮らなかったのか？　私は答える。奥崎謙三が嫌いだったから。散々奥崎に罵倒され、コケにされ、そんな奥崎の究極の修羅場に共につき合う気にどうしてもなれなかったのだ。問いを続ける。奥崎謙三を好きだったら？　好きだったら撮ったのかお前は？　私は答える。もし、好きだったら？　撮ったかもしれない……。

私はそんな自分が無気味だった。〝殺しの場面〟を撮ったかもしれない、と考える自分が怖かった。

そんな折、小林のいつかの言葉を思い出した。奥崎謙三は、とり憑かれている、と言った事を。奥崎謙三が何かにとり憑かれて、犯罪へと突っ走ったとすれば、もしかしたら〝殺しの場面〟を撮ったかもしれない、とこだわる私も、とり憑かれていたのではないだろうか？　何に？　映画に。映画のためなら……。映画という絶対のもの……。映画は私にとって神……!?

広島拘置所の奥崎から手紙がきた。

「拘置所内の運動場で、私、手旗を振りますから近くのビルから撮っていただきたいのですが……」

私はあきれるやら、感心するやら、苦笑いするしかなかった。文面は、もし、撮っていただけるのならバレないように弁護士とよく打ち合わせをして……、拘置所の中から手旗で信号を送る、ということができるのは世界で私だけです……と続いていた。全くその通りだと思う。世界広しといえども倦まず弛まず、奥崎謙三の見せ場を考え続ける演出家は、奥崎謙三以外には存在しません。そう言うと、それは私の演出ではなく、神の演出です、とあなたはおっしゃいますか。私には、そんな発想はとてもでてきません。悔しいがシャッポを脱ぎます。

この申し出は、たしかに画になると思った。ラストシーンの画として使える、とも思った。だが私の体は動かなかった。撮影は、もう、とっくに終わっていたから。

〝奥崎謙三の映画〟のため、骨身惜しまず協力してくれた奥崎シズミが、映画の完成直前に死亡した。あんなに楽しみに待ってくれていたのに。初号プリントが焼き上がった時には、私と小林が初めて奥崎と出会ってから五年の時間が過ぎていた。

昭和六十二年二月、小林と私は広島拘置所へ向かった。私は奥崎と、ニューギニアへ同行して以来、会っていなかったので、約三年ぶりの再会だった。髪がすっかり白くなっていた。歯ぐきから出血があるんです、と話す顔色は、少し悪かったが、三十分間の面会時間を一気に喋り続ける奥崎のエネルギーは、全然衰えていなかった。立て板に水、まさに奔流の如くあふれる言葉のあい間に、奥崎の、野呂圭介に似ているなと私が思っている、あの笑顔を見た時、私はたまらなく、なつかしく、胸にこみ上げるものを覚えていた。

奥崎は、別れぎわに、私に言った。

「私は必ず、元気にここを出所しますから、その出所のシーンを、原さんと小林さんに、是非、撮っていただきたいですね」

（敬称は、全て省略させていただきました）

採録シナリオ『ゆきゆきて、神軍』

シナリオ採録・小林佐智子

○奥崎紹介

1　奥崎家・全景（フカン）
　車道に面した街の一角にバッテリー商を営む奥崎家。

2　同・表
　二階建の建物の全面を覆う看板。
　びっしりと書き込まれた文字。

3　同・中
　シャッターを開ける奥崎。
　スーパー・神戸市兵庫区荒田町

4　同・店内
　事務机で、朝食を食べる奥崎と仕度をする奥さん、そして、愛犬マミー。
　スーパー・奥崎謙三（62才）
　スーパー・妻シズミ（64才）

○結婚式

5　峠
　「嫁入り歌」が流れる。
歌声〈嫁入りの歌〉めでためでたの　この盃を鶴が酌して亀が飲むよー　蝶よなー花よと育てた娘　今日はなーこなたへ　あー　おさめます
　先導して登ってくる奥崎の宣伝カー。
　花嫁の乗る白い外車が後に続く。

6　太田垣家・外
　車からおりる花嫁。
　奥崎を先頭に歩く花嫁の列。
　花嫁を迎える花婿と親族。

記念撮影—全員。奥さんと花嫁、奥崎と花婿。

スーパー・兵庫県養父《やぶ》町

7 太田垣家・中、結婚式会場

三三九度。祝辞を述べる奥崎。うしろに奥さん。

奥崎「私は太田垣敏和さんと佐野絹子さんの婚約を媒酌させていただきました奥崎謙三でございます。太田垣敏和さんと佐野絹子さんの御結婚おめでとうございます。花婿の太田垣さんは神戸大学を卒業後、反体制運動をした咎により前科一犯でございます。媒酌人の私は不動産業者を殺し、皇居で天皇ヒロヒトにパチンコをうち、銀座・渋谷・新宿のデパート屋上から天皇ポルノビラをまいて、独房生活を十三年九ヵ月送りました。殺人・暴行・猥褻図画頒布、前科三犯でございます。つまり今日の結婚式は花婿と媒酌人が共に反体制活動をした前科者であるが故に実現しました、たぐいまれなる結婚式でございます」

8 同・歌う花婿

手拍子を打ち鳴らし、「神戸大学寮歌」を歌う太田垣。

9 同・話す奥崎

奥崎「まあ皆さんにとっては国家なんていうものは大切なもんでしょうけど、私の人生経験からいいますと国家、まあ、日本だけじゃありませんよ、世界中の国家というものは人間をですね断絶させるもんだと、いわゆる人類をひとつにしないひとつの大きな障害だと思っているんです。国家というひとつの壁、まあ更に言えば家庭もそうだと思っているんです、私は。ですからとにかくありとあらゆる人間を疎外断絶、分断させるもんですね、言葉を変えていいますと神の法に反してるもの、今後ますます激しい攻撃を加えたいと思います」

聞いている参列者、花婿、花嫁。

10　太田垣家・外

新婚旅行に出発する花婿花嫁。

宣伝カーの前で万歳する奥崎、一同。

奥崎「おめでとうございまーす」

参列者たち「おめでとうございまーす」

11

タイトル　奥崎謙三　事件歴

昭和三十一年　不動産業者を傷害致死

懲役十年

昭和四十四年　新年皇居参賀で天皇にパチンコ玉を発射　懲役一年六カ月

昭和五十一年　天皇ポルノビラをまく

懲役一年二カ月

昭和五十六年　田中角栄殺人予備罪で逮捕　不起訴

12

メインタイトル『ゆきゆきて、神軍』

○兵庫警察署へ電話をかける

13　奥崎家・店内

電話をかけている奥崎。

（交換嬢）「警備課のどなたですか」

奥崎「警備課長さんです」
（交換嬢）「課長ですね」
奥崎「あのー、カシモト課長さんです、はい」
（交換嬢）「はい、ちょっとお待ち下さい」
（男）「はい、カシモトです」
奥崎「あ、奥崎ですが」
（男）「あ、どうも」
奥崎「えらいどうも」
（男）「さっきは先生、電話もらいまして」
奥崎「ごぶさたしております」
（男）「ボク、ちょっと席はずしておりまして
ね」
奥崎「先日は来ていただきまして」
（男）「こないだね、お伺いしたんですよ」
奥崎「はい」
（男）「そしたらカゼひいたということで」
奥崎「ええ、いま、まだ治ってないですけど
ね」
（男）「どないですか」
奥崎「ええ、まだちょっと」
（男）「奥さんも調子悪い言うて」
奥崎「今年はちょっとひどくって」
（男）「大事にしてくださいよ」
奥崎「あのですね、今日ですね、実は東京へ行
こうかと思ってるんですけどね」
（男）「えっ」
奥崎「東京へ」
（男）「何しに」

○隠し撮り

14　奥崎家・店内
入ってくる課長

スーパー・兵庫警察署　警備課長

男「咳でるの」
奥崎「ええ、どうぞ、咳がね」
男「薬、飲んでんの、薬飲んだらアレルギー出るいうて飲んでないの」
奥崎「できるだけ飲まないようにしてるんですけどね。今年のカゼはきついですね。ところでどうですか、行かせてもらえそうですか」
男「ほでな、あのう、マークⅡってあの大きなやっちゃろ、あれ行ったらまたむこうで駐車場いれられるで、新幹線で行ったらええのに」
奥崎「それはもう、私は私のやりたいことやるし、警察は警察のやりたいことやればいいわけでしょ、私は力があれば」
男「マークⅡ、もう積んであんの」
奥崎「ええ、はい」
男「うちはな、また名神になるまでついていくから」
奥崎「どうせ、黙っていたってわかるでしょ、あんなハデな車、そしたら課長さん気悪うするでしょ」
男「いや、ほでな電話してくれて私もうれしかったしね。それと、やっぱワシの判断で」
奥崎「立場あるしね」

○山田の見舞い

15　深谷《ふかや》・日赤病院

日赤病院に入る奥崎の車、後ろからパトカーが続く。

スーパー・埼玉県深谷市

16　同・中
　詰所で尋ねる。
奥崎「すいません、山田吉太郎さんの病室どこですか、十三号室ですか」

17　同・病室の外
　ドアをあける奥崎・ストップモーション

18　同・病室の中
　病室の中、山田夫婦と奥崎。
　スーパー・**独立工兵第36連隊元軍曹山田吉太郎《きちたろう》**
奥崎「去年正月より、ちょっと弱っとられるようですね」
山田「そうですね」
奥崎「退院はいつ頃ですか」
山田「だいたい三週間っていう予定なんだけど、十日間は全然動かないでくれって」
奥崎「ああそうですか」
山田「糸が切れちゃ大変だから」
奥崎「これで最後ですか、もう」
山田「そうですね。ふさがればこれでもう終わり」
山田の妻「悪いとこ、もうおきなければね」
山田「六回目だ」
奥崎「これで終わりなんですか」
山田「ええ、これで順調にいけば、もう」

19　インドネシア大統領あての手紙を見せる奥崎
奥崎「はあ、インドネシア大統領あてに書いたまあ、アルソーとかデムタへ行かせてくれってね、手紙なんですけどね」

20　インサート　手紙の文字

「インドネシア国の大統領閣下」の文字

21　元の病室

話す奥崎、ベッドの中でじっと宙をみつめて聞いている山田。

奥崎「日本文であったら、むこうわかりませんのでね、インドネシア語で翻訳してもらってね、山田さんが元気になられて、まだすっきりしないけどね、それでもお医者さんが命があぶない言うならやめるべきですけどね、まあなんとか周囲の者がね、つきそっていけば大丈夫だという保証があればね、お金が少々なく、お金がなくって体がね、お金も体力もなくってそしてヒマもない人がですね、行ってあげる方がね私は供養になると思うんですね。私が東京拘置所におるときね、山田さんが入院されたって聞いた時に、私は思ったとおり天罰だって手紙を（混声）出したんですね。ところがね、それをね、やはりあのどういいますかね、あのう私は山田さんのその敗戦後のね、やっぱり生き方の総括としてね、そういう結果私でたと思うんですよ。だから山田さんは別に法律をね破っているわけでもなんでもないですよ、一般市民としてね。だからそれなのにそういう体になられたということはね、やっぱり山田さんのような体験を戦争体験したかたがね、やはりあの一般の人並みのね敗戦後の生活されるということはね、やっぱり私のような感覚じゃちょっと許されないんじゃないかなと思うんですね」

○天皇誕生日

22　奥崎家・店の外

宣伝カーの〝殺す〟という文字にガムテープを貼っている奥崎。

準備する奥崎、パンして刑事。

奥さん、奥崎に弁当などを渡す。

23　高速道路

走る宣伝カー。背後に新幹線。

24　都内

走る宣伝カー。

ボディの「神軍」の文字。

25　丸ノ内交差点

宣伝カーを停止させようとする私服の車。

とまる宣伝カー、走る警官。

宣伝カーと警官、刑事たち。

スーパー・天皇誕生日

車の中で絶叫する奥崎。

奥崎「ただいまより奥崎謙三は、天皇ヒロヒトのために犠牲になった無数の犠牲者の霊を慰めるためにここにおいて慰霊祭を執行するしだいであります。警視庁、警視総監の子分である警察官諸子よ、法律にもとづいて俺の車を爆破するなり逮捕するなり、自由自在に勝手にして下さい。ただいまより、声出てる、声出てる、奥崎謙三はここにおいて天皇誕生日のこの日、天皇ヒロヒトを八十一歳まで在位せしめてきたこの天皇ヒロヒト及びその一味のために犠牲になった無数の人々の霊を慰めるために」

取り囲む警官、刑事たち。

遠巻きで見ている通行人たち。

奥崎「今日ここにおいてわたくしの所属いたしました独立工兵第三十六連隊は、ニューギニアにおいて連隊長以下一〇〇パーセント近く飢え死にいたしました。立派な人間とはどういう人間でありましょうか。金持ちでありましょうか、天皇でありましょうか、大統領でありましょうか、ローマ法皇でありましょうか。私にとって立派な人間とは神の法に従って人間が作った法律をおそれず、刑罰をおそれず、本当に正しいことを永遠に正しいことを、実行することを最高の人間だと思ってるんであります」

車のドア、窓をドンドンドンドンノックする刑事たち。

奥崎「いま何やら警察官がメモらしきものを示しまして私に人間が作った法律に従わさそうとしております。彼らは、もちろん力では彼らにかないません。ですが私は理において世界中の軍人や役人、警察官よりも正しいと確信しているのであります。警察官とか裁判官とか検察官というものはたとえば日本が共産主義社会になったとしたら、共産主義社会の権力者がつくった法律に唯唯諾諾として従うのであります。要するに銭をもらわなかったら判事や検事や警察官は、自衛官は、その職務に邁進しないのであります」

交差点、音楽もけたたましく右翼の車が通る。

奥崎「私は銭のために、右翼の諸子の如く給料をもらってやってるんではないんです。誰もくれません。たまにくれる人はありますがもらいに行ったことはありません」

26　宣伝カーの外

カメラに向かって笑顔の奥崎。

刑事たちの渋い顔。

奥崎「何か公安の、公安のお話伺うだけだと」

刑事「(カメラに向かって、苦々しく)すぐ帰りますよ、だからそれ、やめて下さいよ」

奥崎「じゃ、行ってきます」

意気揚々と歩み去る奥崎。

〇遠藤誠パーティにて

27　法曹会館全景

28　同・パーティ会場入口

29　同・会場内

正装した遠藤夫妻。

スーパー・帝銀事件主任弁護士遠藤誠夫妻

スピーチする奥崎。

法曹会の長老たちの顔。

奥崎「私は、一般庶民よりも法律の被害を多く受けてきましたので、日本人の中では法律の恩恵を最も多く受けてきました無知、無理、無責任のシンボルである天皇ヒロヒトに対して、先程、えー、丸山先生がおっしゃっていただきましたように、四コのパチンコ玉を、パチンコで発射いたしまして、続いて、えー、天皇ポルノビラを、銀座、渋谷、新宿のデパート屋上からばらまき、その二つの刑事事件に関わった法律家であるところの、二名の判事と八名の検事の顔に、小便とツバをかけて思いきり罵倒いたしました。たとえばこの法曹会館の横に並んでおります東京高等裁判所の刑事法廷におきましては、裁判長にむかって手錠をはめられたまま、貴様は俺の前で、そんな高い所に立っている資格はない、降りてきて土下座させ、とどなりました。そして退廷を命じられまして、今度はひき続いて、午後に、うーん、監置裁判が行われましたが、今度は私は、俺の前で土下座をするのはもったいない、穴を掘って入れ、と申しました。そういうことは、独房生活を十三年九カ月送ってきました私にとっては、へのかっぱであります」

○神戸拘置所へ

30　神戸拘置所・前

奥崎と言い争う所員たち。

奥崎「俺が責任もつ！　所長を呼べ、所長を、誰がいったの、所長がいったの、えっ」

所員「許可をもらいなさい、いうんだ」（混声）

所員「写しちゃいかんって、カメラをふたをせえ」

カメラをふさぐ白手袋の手。

31　タイトル〈独居房〉を自宅屋上に建てるため寸法を測りに神戸拘置所を訪れる。

32　元の拘置所・前

所員「入っとるじゃないか、そこやったら」

所員「向こうっかわへ渡ってもらわな困りま

神戸拘置所で所員に怒鳴る奥崎

す」

33　立看板の文字「神戸拘置所」

34　神戸拘置所・前

奥崎の車、出てくる。

怒鳴る奥崎。車のドアをバンバン叩きながら所員たちを罵倒する。ぶ然とした顔で居並ぶ所員たち。

奥崎「どけ言うのや、そこ、気に入らなきゃ、何かしてみい、おのれら、えっ、何かできたらやってみろ、お前らの、一人で、判断で、気に入らんなら、何か不満があったらやれ。(不明)何か文句あるんか、貴様、気に入らんなら、何なりとやれ、ようやらんだろ、貴様ら、えっ、貴様ら、えっ、ロボットみたいなツラしやがって、人間の顔か、そういう貴様らのツラは、えっ、人間のツラ一人もしとらんじゃないか、天皇ヒロヒトと同じだ、ロボットと同じだ、貴様ら、命令か法律に従うだけか、くやしかったらやってみろ、何か、ようやらんだろ、貴様ら、何言われたって、人間なら腹、腹たててみろ、よう腹たてんだろ」

　中から車がくる。

奥崎「のいたら出られるやないか、おのれら、出ろ、のいたら出られるやないか、のいたらええのや、おんどれら」

○戦友の母、島本イセコを訪ねる

35　走る宣伝カー

36　陸橋を渡る宣伝カー

37　島本イセコ宅・庭

　島本イセコを訪ねる奥崎。

　スーパー・**広島県江田島《えたじま》町**

　奥崎に向かって手を合わせるイセコ。

　スーパー・**島本イセコ**

奥崎「すいません、えらい突然お邪魔しまして、あの奥崎謙三と申すもんですけどね、あのう、島本さんて方ですね、島本さんて方、ニューギニアでですね、同じ、私と四年兵の、あの同年兵でしたんでね、西ニューギニア、西ニューギニアのですね、ア、アルソーという所でですね、あのう、亡くなられまして、ほんで同じね、あの同年兵、同じ同年兵ですからね」

インサート・島本政行の写真
スーパー・**島本政行一等兵**
イセコに語りつづける奥崎。
奥崎「あのう穴をですね、あのう、あのう、島本さんのね、亡くなられた、あのう遺体をですね、穴に土をかけさせていただいてですね、そいで青いパパイヤとかですね、えーそういうものをお供えしてですね、で水筒の水をおかけして、それでまあお弔いしたんですけどね、ところがね、島本さんだけなんです、そういう方は、あとのお方、あとのお方はみんなあのう、穴に埋めてもらえずですね、島本さんだけが、あの、穴に埋められてですね、まあ一番、まあ幸せ言うてはおかしいんですけど、まあほかの方はね」
イセコ「（目頭を押さえて）ありがたいですね」
奥崎「まあ考えようによっては島本さんがですね、一番お幸せだったと思います。私は幸せだと思ってますけどね。ですから私はね、私なりの方法でね、供養、供養させていただこうと思って……」
泣く奥崎。

38　島本家の墓の前
奥崎「あすこはお母さん住んどってるの」
イセコ「うん」
奥崎「お墓は、お墓はどこですか」
イセコ「これじゃあ」
奥崎「はあ、お墓はここですか、うちはこんな立派なお墓はないんでね」
イセコ「これがね……」
奥崎「はい、あがらしてもらおか」

「岸壁の母」を歌う島本イセコ

奥崎、墓の前へ。

奥崎「なかなか立派なお墓ですね。うちのいなかのお墓なんてこんな立派なお墓じゃないですね」

飯盒飯を備え、合掌する奥崎。

墓の前で歌うイセコと奥崎。

イセコ〈岩壁の母〉「〽母はきました　今日もきた　この岩壁に　今日もきた　流れる雲より……あれ、うそ、うそじゃった」

奥崎「いや、かまわんですよ」

イセコ「あーうそじゃった」

奥崎「いやかまわん、もう一度一番から」

イセコ「ハッハッハッ」

奥崎「かまわん、かまわん、そんな上手に歌わんでも」

イセコ〈岩壁の母〉「〽母はきました　今日も

きた　この岩壁に　今日もきた　届かぬ願い
　と　知りながら……」
奥崎「お母さんはね、あのぅ、たとえば、
　ニューギニアに行ってみたい思いませんか」
イセコ「思うたてぇ、お金なんぼいる」
奥崎「いやお金はね、お金はないけど、いやお
　母さん、お金の問題じゃなしにね、お母さん
　行きたい思いませんか」
イセコ「そりゃ行きたい思うんじゃがしようが
　ない」
奥崎「問題はお金があってもね、お母さんの体
　がね、体が悪かったら行けないでしょ。だか
　ら私がね、亡くなった島本さんのかわりにね、
　自分のお母さんや思うてね、面倒みますから
　ね。だから一緒に行きましょうか、ニューギ
　ニアにね、ね」

イセコ「うん」
奥崎「はい」
イセコ「うれしいのォ」
奥崎「いやいや」

39　村道
　〽合羽からげて三度笠どこを寝ぐらの渡り
　鳥……
　　声を合わせて歌いながら歩く、イセコと
　　奥崎。

40　入江を走る宣伝カー
　　スーパー・**兵庫県浜坂町**

○山崎豊の墓参り

41　山崎豊の墓

卒塔婆をかく奥崎。
スーパー・山崎上等兵、ニューギニアで
　餓死
卒塔婆の文字「神軍平等兵」
「故　陸軍上等兵　山崎豊氏の怨霊を弔
う」の文字。
奥崎、飯盒の米をとぐ。
炊ける飯盒。
梅干しをそえる。
墓前にそなえられた飯盒メシとおかず。
放心した表情の奥崎。

○田中三郎の墓参り
42　海岸をいく宣伝カー、パン
スーパー・兵庫県南淡町

43　田中家墓地
角材をかつぎゆく奥崎。
角材をたてる奥崎と田中夫妻。
卒塔婆の文字「故　田中三郎氏の怨霊を
弔う」
インサート・田中三郎の写真をZ・I
（ズーム・イン）。
スーパー・田中三郎軍曹
スーパー・原住民の毒矢に射たれ狂死
卒塔婆に、飯盒メシ、線香をそなえる。
手を合わせる三人。F・O（フェイド・
アウト）。

○処刑事件・高見実
44　タイトル　三十六連隊、ウエワク残留隊で、
隊長による部下銃殺事件があった。

45　高見家・外　奥崎、高見実を訪ねる。
スーパー・岡山県矢掛《やかげ》町
スーパー・真相究明のため、三十八年ぶりにかつての分隊長を訪問。

奥崎の背中越しに、高見実の姿。

奥崎、快活に挨拶する。

奥崎「奥崎です、どうも長い間ごぶさたしてます。奥崎謙三でございます。高見実さんですね」

呆然と立ちつくす高見。

奥崎「三十年ぶりですから、だいぶお顔かわっておられますんで、どうですか、お元気ですか。あの、あの、なんです、あの、なんかお体悪いんじゃないですか」

高見「どうぞ……（あとは絶句）」

奥崎「はい、突然お邪魔しまして、こちらへいつ帰ってこられたんですかね、昭和二十七年頃ですか、どうもすいません、えらい突然お邪魔いたしまして、ほんとに、もうすみません、ここであの、ちょっと」

玄関の戸をバタンと閉める高見。

46　高見家・応接間
隣室で姿を見せぬ高見に、ひたすら釈明する奥崎。
高見「（不明）」
奥崎「ですから」
高見「（不明）」
奥崎「はあ、はあ、それはそうですが」
高見「（不明）」
奥崎「ええ、それはもう高見さん、もう、ですからそのことについてね」

高見「(不明)」
奥崎「こっからお話し申し上げますんで、あの、お聞きねがいたいんですけど」
高見「(声だけ) そしたらね、そのことを一言して下さればいいんです」
奥崎「はあ、ですから、ですから、いや、ですからこう、いや、はあ、申し訳ございません、ですから、もう大変ね」
高見「(声だけ) いや、それはもう奥崎さんは知ってますけど」
奥崎「あのね、あのう」
高見「いや」
手を取り合って挨拶する高見と奥崎。
奥崎「失礼します」
高見「涙して、心より」
奥崎「改めましてね、高見さん改めましてね、こういう無礼はおわびいたしますから」
高見「そういう意味です」
スーパー・元軍曹　高見実《みのる》(旧姓妹尾)
奥崎「はい、こういうご縁というものはですね、あのう高見さんのご意志とか私の意志でつくられるもんじゃございませんのでね、高見さんと私のご縁というものはですね、これはあの、高見さんの意志と私の意志で結ばれたご縁じゃないわけなんですからね、昔の、いろいろ、どういいますかね、共犯者であるとかそういう関係じゃございませんのでね、全然、まあ若い時にたまたま、あのね、ああいう戦争中のことでしたから」
挨拶する高見の奥さん。
奥崎「あの当時は」
高見の妻「本日はご遠方のところを」

奥崎「いえ、突然えらいお騒がせしまして申し訳ございません。あの当時いらっしゃったお坊ちゃんも、おうちで一緒に、一緒にいらっしゃいますんですか」
高見「どうぞ召し上がって下さい、冷たいものを」
奥崎「はい奥さん、（菓子折を差し出す）これ、神戸の」
高見の妻「いえ、もう、そんなにしていただいてすいませんでございますから」
奥崎「そんなお礼を言うていただくもんじゃ、もっとせにゃいかんのですけど、形だけで申し訳ございません」
再び奥崎と高見、高見に問う奥崎。
奥崎「現在、村本政雄ですか」
高見「うん」
奥崎「ピストルで殺したゆうことを、私は高見さんに初めてお伺いしたんですけどね」
高見「それはね」
奥崎「そのことについてお話し」
高見「それは、あの、神戸のね、なにに聞いて下さい」
奥崎「えっ」
高見「神戸のあれは」
奥崎「あ、あの衛生兵ですか」
高見「衛生兵」
奥崎「うーん、吉沢という兵隊をね、あの、あの、古清水が殺したというのは、高見さんが、高見さんがそこにおられたわけじゃないんですか、また聞きされたんですか」
高見「また聞き」
奥崎「また聞きですか。高見さんの目の前で古清水が、その吉沢という兵隊を射殺したわけではないんですか」
高見「そうです、私知らないんですよ、人に聞いた話でどういう件かわからない」
奥崎「敗戦一年前には捕虜になったわけですからね、連合軍で、で、その敗戦一年前まで私は、まあ高見さんもご存知のように橋本軍曹をなぐり倒したりね、いろいろして最終的には、まあ中尉なぐり倒したりして、そのおかげで帰れたわけなんですけども、ですから私にとっては元中隊長の古清水を現在なぐり倒すということは、へでもないわけですね、私にとっては」
高見「そうそう」
奥崎「戦争から帰ってきましてね、元上官をね、殺してやりたいという部下は、口走る部下はほかにおるわけですね」
高見「おりますよ」
奥崎「ところがね、やっぱそれをやりますと刑務所にいったりなんかしますでしょ。私はまあ古清水政雄氏には悪いけど、徹底的に殴らせていただいて」

孫、あいさつに顔を出す。

高見の孫「おじちゃん、いらっしゃい」
奥崎「あっ、どうも、えらいお邪魔いたしております、えらいお邪魔しております」
高見の妻「孫でございます」
奥崎「初めてお目にかかります、お邪魔しております」
高見の孫「(祖母に言われる通りに)ごゆっくり」
奥崎「はい、ありがとうございます」

高見「上の、でなく、ボクの孫です」
奥崎「ま、どうも、久し振りで」
　ビールで乾杯、握手する二人。
高見「元気で、おめでとうございます」
奥崎「おめでとうございます、いつまでもお元気で」
高見「お互いに元気で」
奥崎「ありがとうございます、ほんとにありがとうございました」
高見「どうもありがとうございました」
奥崎「ほんとにお元気で、いつまでもお元気で、どうか奥崎謙三がね、今後どれだけね、こう人間らしく生きるかということをね、ご注目いただきたいと思うんです。私はこれでいいと思ってないんです。まだまだもっともっとやらなきゃいけない、それがねひとつは健康の原因になるわけなんです。まだもっともっとやらなきゃいけない、これでいいと思ったらね、終わりだと思うんですよ」

○処刑事件・妹尾幸男

47　山あいをいく宣伝カー
　　スーパー・島根県伯太《はくた》町

48　妹尾家・全景

49　同・前
　車を止め、奥崎、縁側へいく。
奥崎「お邪魔いたします、すいません、お邪魔いたします」
　奥崎の背と妹尾幸男。
奥崎「で、聞くところによりますとね、あのう、いわゆる妹尾幸男さんがですね、ご主人さんが、あの、吉沢、吉沢徹之助さんをですね、あのう処刑、射殺した現場にいあわせて、いられた、古清水政雄ですか、政雄元大尉のね、あの、部下の吉沢徹之助を殺した、射殺したことはまちがいないと、その事実はまちがいないと、しかし自分は現場にいなかったから」

妹尾「私もあれしてね、本隊から離れたんだけれども、逃亡しとったんじゃないですか」

奥崎「いや、いや、ご主人さんの目の前で古清水が射殺したわけですか、なんかそういうことをされ……」

妹尾「うーん、その、前のことですけども古清水さんだけがやったんじゃないです。命令で、あの、古清水さんも軍の命令で、あのう」

奥崎「命令されてしたわけですか」

妹尾「命令出されて、結局、軍に行くと何名、古清水隊長以下何名って、報告されてるところ、でしたからね、生存者は何名……」

奥崎「いや、だから命令によって射殺したわけ……」

妹尾「だと、私は推察しとるんですがね」

奥崎「誰が命令したって、軍の……」

妹尾「それは軍のほうの　なんだと……」

スーパー・元軍曹妹尾《せのお》幸男《ゆきお》

奥崎「それは、そういう公式に命令されたもんでしたら、厚生省にはそういう、あれが、射殺されたという軍の、記録されているわけですか、いや、ご主人さんの目の前でですね、その吉沢さんという方は射殺されたわけですか」

妹尾「うーん」
奥崎「目の前じゃないわけですか」
妹尾「古清水さんだけじゃない、それはね、銃殺するには銃殺するような手続きをとって処刑されたはずです」
奥崎「そうですか、その」
妹尾「古清水さんがあの、その兵隊さんをね、憎くって、自分で殺されたという……」
奥崎「いやいや、憎くてとかそういうこと別問題で」
妹尾「軍の結局、その当時の軍のことですけどね、命令によって」
奥崎「命令によってされたわけですか。それをご主人さんは」
妹尾「私らも生きて帰れるかどうかわからん状態だったんですから」
奥崎「それはそれで、ですと、古清水さんは殺され、射殺されたのは、何日かおられなかったわけですか」
妹尾「何分、山の中の、いつ玉砕になるか、玉砕命令がでるかわからん状態になったところに、なんですからね、ま、いろいろ喋ったって私もなんですけども、ま、私も一時から公民館で行事もやらにゃいかんし……」
　時計を気にしながら立ち上がる妹尾。
　奥崎、いきなりつかつかと座敷に上ってゆく。
　妹尾につかみかかる奥崎。
奥崎「私はね、ご主人さん、あのう独立工兵三十六連隊のね、一員なわけですね。だから訪ねてきたらね、挨拶したらどうだ、貴様、こい、こちらへ、何ぬかしやがる、こい、貴様、何故そういう態度を……」

(揉みあいながら、怒鳴り合い)妹尾を組み伏せる奥崎。家中が騒然となる。おろおろする家族。

妹尾の妻「110番しましょうか」

(二人の激しい言い合い)

妹尾の妻「やめて下さい、やめて下さい」

奥崎の腕をつかんでとめる妹尾の妻。

(奥崎と妹尾の言い合い)

妹尾の妻「やめて下さい」

奥崎「挨拶しろ、このヤロウ」

妹尾「挨拶しろって、お前が誰かわかるか」

奥崎「俺はちゃんと名刺持ってきてるじゃないか」

妹尾「(意味不明)なんで前もってそういうこと(不明)」

妹尾の妻「やめて下さい」

奥崎「110番しなさい、110番しなさい」

妹尾「(不明)」

奥崎「あたり前だ、俺は天皇にパチンコを撃ったんだ」

妹尾「暴力……」

奥崎「暴力なんかじゃないよ」

(不明)

妹尾の妻「110番、今してあるから」

(不明)

妹尾の妻「暴力はやめて下さい、暴力はやめて下さいよ」

(不明)

奥崎「貴様の、なんだその態度は」

妹尾「(不明)なんで殴らにゃいかん(不明)」

妹尾の妻「やめて下さいよ、暴力は」

奥崎「態度はなんだ、貴様は」
妹尾「態度はなんだって、誰かわからん者へ」
奥崎「名前、名乗ってるじゃないか」
妹尾「名乗ってる?」
奥崎「名乗ってるじゃないか」
妹尾「名乗ってる?」
奥崎「名乗ってるいうんだ」
妹尾「名乗ったって何だかわからん。前持って名乗るなら名乗るで、順序をふんで」
奥崎「お前さんが聞く耳、ないんじゃないか」
妹尾「(不明)」
奥崎「俺は奥崎謙三って名乗ってるじゃないか」
妹尾「(不明) 古清水なら古清水の、それなりの紹介をえてきなさい」
奥崎「110番しなさい」

妹尾の妻「してある」
(不明)
妹尾の妻「殴ることだけはやめなさい」
やってきた近所の人に訴える妹尾の妻。
妹尾の妻「助けて下さい」
近寄ってくる近所の人たち。
近所の男「何ですか」
近所の人に組み伏せられる奥崎。
奥崎「俺が手加減してるのがわからんのか」
(不明)
近所の男「不法侵入だぞ、お前」
(怒鳴り合ってて、不明)
奥崎「お前さんら、やめてくれって、オイ、ヤメロ、ヤメロ言うのに、俺がしぼられるじゃないか」
近所の人に組み伏せられる奥崎、助けを

呼ぶ。

（怒鳴り合い）

50　妹尾家・外

パトカーがきて、近所の人々が遠巻きにしている。

署員に説明する奥崎。

51　パトカーの中

刑事と話す奥崎。

○処刑事件・遺族、崎本倫子

52　崎本家・御神所

神器・鏡にZ・I。

香、けむり。

崎本「（神に祈る声）吉沢徹之助がいかにして死亡したかお教え下さることを、吉沢徹之助がいかにして死亡したかお教え下さることを……」

53　同・客間

カメラに向かって崎本倫子。

スーパー・吉沢徹《よしざわてつ》之《の》助《すけ》の妹　崎本倫子《さきもとりんこ》

崎本「兄は処刑されたんです。邪魔になったんですね。皆さんの」

卦の解説をする崎本。

崎本「ここに固い邪魔者があるんです。これをどかさないとね、顎がとじらないんです。これをどかすためにはこれをね、なくさなきゃダメなんです、これを、固いもの、結局これをもう、なくして、そして、固いものなくして上顎と下顎、そしてみんながそれで、上顎

と下顎がついて、そしていい状態になれると
いうのがこれ、これなんですよ。だからみなさんご存知だと思います。戦友の方たちが、ご存知です。そしてあの、なんてゆうんですか中隊長さんですか、古清水さん、あの方が一番よくご存知だと思います、私は」

吉沢徹之助の写真にZ・I。

スーパー・**吉沢徹之助上等兵**

崎本「きのうね、あのう仏壇に一所懸命手を合わせましてね、テツお兄ちゃんが死んだようすをね、どうして死んだんだかそれを教えてねって、どんなことを聞いても驚かないから教えてね、教えてね、般若心経あげて、一所懸命お願いしたんですね、っていいましたら写真が動くんですね、気のせいですか、写真の顔が動くんですね」

○遺族上京

54　東京駅

東京駅前、挨拶する奥崎、崎本、野村。

○処刑事件・会川利一

55　会川宅・前

会川家をたずねる三人。

何度もブザーを押す奥崎。

スーパー・**東京都世田谷区**

スーパー・**処刑された兵士は、もう一人いた。**

56　同・居間

会川と対する奥崎、崎本、野村。

野村は胸に兄の遺影を抱いている。

スーパー・**野村甚平《のむらじんぺい》上等兵**

スーパー・野村甚平の弟　野村寿也《としや》

奥崎「まあ会川さんに突然、前もって会川さんにお断りいたしましてね、それでお伺いするのがほんとは礼儀だと思いましたけれども、やっぱりこういう、えー、ことですから、あらかじめね、会川さんにお断りしますと、会川さんはやっぱり、言いにくいんで、ね、逃げるっておかしいですけどね、なにかされたらいかんというので、突然ね、お邪魔することにしたわけですけどね、処刑の場が近くのそんな遠方で行われたわけじゃないでしょうし、どっか」

スーパー・元伍長　会川利一

会川「全然近寄れないもんね、そこはね、我々は全然わかんないもんね、兵隊の、兵隊はね」

奥崎「原さんはその六人の下士官のお一人だったわけですか」

会川「うーん」

隣室でじっと聞き入っている会川の妻。

崎本「六人の人はどなたとどなたですか、原さんはわかっているんですが」

奥崎「会川さんのご存知のことで」

会川「うーん」

奥崎「それは元独立工兵三十六連隊の下士官ばかりですか」

崎本「原さんと、それと」

会川「二人は、まあ全然わかんないですね」

奥崎「はい、おわかりになってるのはどなたですかね」

会川「あの当時」

奥崎「原さんと」

会川「妹尾さんでしょ」
奥崎「えっ」
会川「妹尾」
奥崎「妹尾だれですか」
会川「稲葉」
奥崎「妹尾って誰ですか」
会川「妹尾幸男、この間、何か事件おこした」
奥崎「えっ、私がぶん殴った人ですか、彼は関係ないいうてましたですよ」
会川「そう。静岡にね、もう一人、小島という、これはわからない全然」
奥崎「いや、とにかく生きて帰ってきたわけですか」
崎本「小島さん、小島さんも撃ったわけですね」

（混声）

崎本「小島さんと」
会川「下士官はね」
奥崎「原、妹尾幸男、妹尾幸男と稲葉ですか、小島ですか」
崎本「私の兄と野村さんは、なにか知られては困るような、古清水さん、したんじゃないですか、それで、なにか、こういうふうに罪をでっちあげられたような、そういう」
会川「いや、そういうことはないですね」

（混声）

奥崎「それは、いつ頃の、その分隊長以下」
会川「戦闘間の」
奥崎「戦闘間って、戦争が終る何日前」
会川「終戦前ですからね、どのくらいだかわからない、もう小隊はみんなわかれてますからね」

奥崎「でもそれだけショッキングな事件がね」
会川「そ、そ、それは、そう、なってすぐ、ね、ないわけだから、ねぇ、その間の事情はね、どういうふうになってそこへ、どこへどう行っちゃったかということはわからないわけ、小隊の、小隊の動きっていうのは、小隊の人間でなければわからない」
奥崎「いや、小隊の動きがわかったから処刑したわけでしょ。小隊の動きが後日ね、その小隊から離脱したいうことがわかったから、だから、その、わかったから処刑し、何月何日離脱したかわからなければおそらく処刑もしてないでしょう。だからあのう、少くても村本政雄はわかってるわけでしょう、その」
会川「うん、そうでしょうね」
奥崎「事情は、その間の」
会川「最初ねぇ、野村さんはねぇ、ある部落へ行ってて、全部、もう、なんか仮死状態にあって、軍医が、敵さんがくるんで、そこへ、なんか、置いてきたということは聞いてるんですよ」
野村「それなのに、なして、あれですか、あとで銃殺されたんですか」
会川「どういう経過で二人一緒にいたかっていうことですよね」

○処刑事件・原利夫

57　保険センター
　保険センターをたずねる奥崎と遺族。
　スーパー・山梨県石和《いさわ》市

58　同・ロビー

原利夫と三人。

スーパー・元軍曹　原利夫《としお》

原「そうですねぇ、えー、そうですねぇ、じゃ私の部屋に、ちょっと狭いけど、ちょっと、えぇ、きて下さい」

59　同・室内

原を問いつめる奥崎、隣に野村、崎本。

奥崎「まずお聞きしたいことはあなたがね、その六人の一人ですか、会川氏はそう言ってるんですが」

原「さあ、それはね、そういうことは私の口から言えませんね」

崎本「そんなことないでしょう」

原「それは絶対私の口から言えない、何故かというと、お宅の野村君と吉沢君、俺が一番大事にしておった兵隊なんだよ」

（混声）

原「私は野村さんを見ても吉沢さんを見ても私はいっさい心にやましいところは何もない」

（混声）

原「ただ、ただね、それはね仏の供養のためだったらそのまんま」

（混声）

原「それはね、過去ね何年かたってもう私も記憶も薄れてるし」

（混声）

奥崎「あなたは知ってるわけでしょう」

原「私の目を見ていただければわかる。決してやましいことはなんにもない」

奥崎「じゃあ、会川氏が嘘を言ってるわけ」

（混声）

野村「あのですね、高野山の時も、私が廊下へお連れして、ほで、兄の死にかたがどうも私、あの、戦後、戦病死っていうのが聞いたことないしね。それで、終戦十五日が十八日に終戦、あのうわかったと三日たったらわかったと、それでみんな喜んで、その、火がたけるようになったから、君の兄貴の骨も私が焼いて処理して私の胸に抱いて、氷川丸で来たんだよ、ということで、原さんもあの時、私に泣いて、あの、手厚く葬ってやってくれよということで私はわかれてきたんですわ」

60　タイトル　処刑があったのは、終戦二十三日後だった。

61　元の室内

奥崎「あなたがその銃殺の現場に立会されたお一人でしょ」

原「それはわかりませんね」

奥崎「わかりませんねって、違うなら、ノーならノー、イエスならイエスで男らしくおっしゃったらいいじゃないですか。わかりませんて、そんな答弁はないですよ。あなた、ただあなたがね」

（混声）

野村「私らよりね、原さんの方がね、胸の中が痛いと思うの、あの、その板ばさみで」

崎本「原さん、この写真見て下さい」

原「そう言われても」

崎本「いえ、それ言って下さいよ、ね、あの、ほんとに、私びっくりしませんから」

奥崎「私ね、あのう、そのう、いわゆる妹尾幸男をね、まさかその六人の一人と知らずにね態度が無礼だってぶん殴ってきたわけです。だから今日、妹尾幸男に行く時はね、私は原(監督)さんにね、妹尾幸男を殴るって言ってなかったんです。殴る気持ちなかったんです。ところが、その、立ったまんまでね、そのう、逃げ腰でもの言うからぶん殴った、今日来る時はね、あなたを徹底的に痛い目に会わす、と言ってきたわけです」
原「うん、うん」
奥崎「徹底的に、私は日本の軍隊でね、誰よりも上官を多く殴ってきたわけです、私は」
野村「兄の遺骨をね」
奥崎「ね、それで、私は生きて帰れたわけですね」
野村「もってきてもらってね、高野山であんなに私たちのために泣いてくれた人にね、さらにこんなことを言うのは酷ですけど」
奥崎「だからね、ほんとにおっしゃって下さい、私はね殴るのは趣味じゃないわけです」
野村「何故撃たれなきゃならなかっただけでも」
原「ただね、私、お二人に言いたいことは」
野村「はい」
原「おたくらの二人の肉親は、ね」
野村「はい」
原「なんにも悪いことはしてなかったちゅうとだきゃあ私に言わせて下さい」
野村「兄はですか、兄たちは」
原「そうです」
野村「ああ、そうですか」
原「それだけは、私に言わして下さい、あとは」

野村「ありがとう」
原「あとは……」
野村「そうですか、そうすると、遺骨もそうですか、遺骨は原さんがもってきてくれたというのもほんとう」
原（泣き出す）
崎本「そこまで言ってくれたら原さん言ってくださいよ、言って下さいよ、言って下さいよ、原さん」
奥崎「原さん、ね」
崎本「そこまで言ったんでしょう」
奥崎「あなたは今、あの吉沢さんとね、吉沢さんとね、吉沢さんと野村さんを、何も悪いことなさらなかった、何も悪いこと」
野村「そうじゃないです、そんなことはないです」
奥崎「今、大日本帝国じゃないでしょ」
（混声）
原「今ね、四十年たってね、今さらね、せっかく眠っている戦友をおこすようなことを言っちゃいかんです、そんなことを」
奥崎「何を、何を言ってるんだ、彼らをね、本当に心を鎮めるためにお伺いしてるわけですよ」
崎本「兄がね、毎晩出てるんです、そしてもう、仏壇にも兄が出てるんですよ、見えてるんですよね」
（混声）
奥崎「彼らは本当に眠ってないんですよ、彼らは毎朝毎晩ね」
崎本「出てるんです」
（混声）

奥崎「あなたは古清水の命令に従って、その、どう言いますか、かわいがってた部下のお二人を銃殺された下士官のお一人なんですか」
原「それは言えません」
奥崎「いや、あなたは今はっきりなんにも、そのやましい」
原「それだけは言えますよ、ね」
奥崎「それは言えるんですか」
（混声）
原「それだけはあれして下さい、あんた方だってそう思わないとね、ご兄弟が悪いことしてね、もし銃殺……」
（混声）
崎本「じゃ悪いことしたんですか、そういう言い方なさるのは」
原「いやいや」
崎本「何かおかしいですね」
原「そういうことはない」
崎本「おかしいですね」
野村「兄たちは処刑される時は、あのう戦争が終わったということは知ってましたか」
原「えーもう終わっていたってことはおそらく知ってたじゃないかと思うんですがねえ」
野村「なぜかお話によると三日後に、十八日にもう終戦はわかってたとおっしゃるんでたぶん、それから、帰れるなあと思って喜んでた……」
原「終戦の、私らにもわかったのは、十八日にははっきりわかりました」
（混声）
奥崎「その、処刑された場面にあなたが立会されなかったんですか、古清水の命令で、なんらかの形で」
野村「兄たち、兄たちは銃声と一緒にバッタリ倒れるところを見なかったですか」
崎本「原さんが言って下さるまで私帰りません、あの、あの悪いけど、原さん、原さんの家まで行きます」
（混声）
奥崎「ここから出さない、それで、それはようするに今の法律でいえば不法監禁になるわけ。そんなもの私は不法監禁なんてクソくらえだ、そんな根性じゃ天皇にパチンコ撃てない。あなたも教育受けたでしょ天皇崇拝の、ね、パチンコぐらい撃ったなんて天皇にパチンコ撃つのは、実にね、我々にできないことなんですよ、ね、やったおかげで商売、売上三倍にもなったしね、人から先生とほめられるし」
（混声）
奥崎「だから、あなたがね、家に帰りたい、帰る、帰りたいでしょうけどね、あなたによって空砲撃たれたか、実砲撃たれたか知りませんけど吉沢さんと野村さんはねニューギニアから帰れないわけですよ」
廊下にいる刑事に呼びかける奥崎。
奥崎「入ってくれっていうんだ、言ったことして下さいよ、えらい悪いけど、命令、軍隊じゃないけど、悪いけど」
奥崎「警察の人」
刑事「はい」
奥崎「入って下さい、あんたも、関係者として入って下さい」
刑事二人入ってくる。
奥崎「あがって下さい、ここ座って下さい、不法監禁で逮捕するなら逮捕していいからね、入りなさい、ここへ、あんたどこの人、まあ警察の人にも聞いてもらっとったら、あなたの人生勉強でね戦争というものはどういうものだったかということをね、体験談として知っといてもらいたいんですね」

刑事「先生、初めてお目にかかります」

（混声）

奥崎「えーと、ここの警察の、もうちょっとこっち寄って下さい、カメラ向いてますんでね、我々は撮影しにきたわけですからね」

（混声）

刑事「県警のイトウと申しますが」

奥崎「あのう、山梨県警のイトウさんですか」

刑事「石和警察署のスガオリといいます、どうも初めまして」

（混声）

奥崎「いきなり参りまして御迷惑かけております」

刑事「実は、先生のですね、今後の予定を」

奥崎「それはまあ、たいしたことないんでね、今日ここへ来てますのは、実はね、こういう方々の、お兄さんですね、お兄さんと、お兄さんですね」

原「弟さんです」

奥崎「いや、この方々のお兄さんがね、お二人がね、あのこの設備の人が、この人があまり、あのう、ここでカンヅメにされているんで、我々不法拘禁される以前に先手をうって、あなた方にね、不法拘禁で逮捕する、してくれって言ってるわけなんです。不法拘禁だと思われますか、こういう状態」

刑事「いえ」
　刑事二人が去った後、再び四人の対峙が続行する。
野村「親父はね、兄が本当に戦病死だと思って、死んだ、あの、親父の気持ちになったたって下さい」
奥崎「ね、本当にお願いします、ね、ね」
原「行きましょ二人。私と一緒に行ってくれますかっていうんです」
奥崎「どこへ行くわけよ」
野村「私はいいですよ」
原「いいですか、吉沢さんはどうですか」
野村「兄たちのことを聞かしてくれるんなら」
原「吉沢さんは、野村さんと二人だからいいじゃないですか」
崎本「全部聞かしてくれるんですか」
奥崎「何故あなたは二人の前でしか言えないんですか」
原「理由は、あとで話します、ねっ」
奥崎「あなたの性格だったら、むこうへいってからもね、ぬえみたいにね」
原「いいじゃないですか、このお二人に私が話をすれば」
奥崎「いやいやそれは、むこうへ行ってからも同じような調子でね」
原「行きましょ」
　（混声）
奥崎「何故二人の前でしか言えないんですか、あなたはやましいことなければ誰の前だって言えるはずじゃないですか」
原「行きましょう、ね」
奥崎「奥さんね」

原「あんまり待たせても野村さん悪いわ私」

（混声）

奥崎「カメラ向いてる前で」

（混声）

原「私はいっさい話はしませんから」

奥崎「こちらも待ってますから、あなたがね、ほんとの、あの公明正大であれば誰、カメラの前であろうともテレビの前であろうと、あなたの」

原「お二人だけなら私話します、はっきり言って、ね」

崎本「兄の魂が入ってるんで、ここに来てますので、原さん、その、もう、兄がここにいると思って、兄の代弁者になって言って下さい」

奥崎「この方々は口がないわけですね」

野村「無実の罪っていうのはどういう罪を被せられたんですか、食事のことですか、食べ物のことですか、敵前逃亡だとか」

原「そうです。それなんです」

奥崎「それは何日頃ですか」

原「えっ」

奥崎「何日頃ですか」

原「さあ、それが覚えがないんです」

奥崎「だいたい、そういう、重大な事件でしょ」

（混声）

野村「あれですか、あのう糧秣かなんかとりにいくのに」

（混声）

原「誰が何と言おうと、ね、そういう名目でやられたということになれば、お宅たちが一生肩身の狭いおもいして、うちの肉親がこうだなんてちゅうことをね、ここでカメラも回ってます、ね、この回ってるカメラを見た人がなんて解釈するかということなんです、私は」
奥崎「カメラを回った、みた人はあなたがね、あなたが知ってることを隠してる思いますよ」
（混声）
原「私が口をつぐんだのは、お宅たちの遺族の、さんざんね、肉親を亡くして更にその上にご迷惑にかかるなんてことがあったら私は、死んでも」
崎本「そんな罪名は信じていませんから、なんとも思いませんよ」
原「あの二人が敵前逃亡、逃亡の罪において銃殺された、ちゅうことをやられてごらんなさい、あんたたちが迷惑するでしょう」
野村「でも原さんがそれを否定なさったんやないですか。そうじゃないって言ったんだからそれでいいじゃないですか」
奥崎「今頃の人はね、今頃の人はそんなこと恥ずかしい思いませんよ」
原「私はお二人に対してなんのやましいこともないし、この写真を見ても」
崎本「わかりました。わかりました」
原「写真を見てもね、本人だけは知っていてくれるから、弾がでなかったことがよかったですよ、ね、それだけは」
奥崎「空砲ではなかったんですか」
原「あれはね戦時中、その実弾がしけっちゃって、十発に三発もね、不発弾があった、不発弾です」

野村「しけてて当たらなかった、でなかったんです」

（混声）

原「こりゃ私はね、天の助けだと思いました」

奥崎「で引き金は、引き金は何回ひかれたわけですか、一回だけですか、引き金は、原さん」

原「ただ、ただ一発だけだと思いましたがね、みなさんね、大勢だったからね」

野村「三八式《さんぱち》のあれですか」

原「そうそう、三八式のね」

野村「そうですか、ありがとう、それで満足です」

原「そんなことね、私が野村さんに言って野村さんが、ガッカリした、なんてこと、私はね思ったら」

野村「いいえ」

原「何としてでもこれは申し訳ない、と思う、ね」

（混声）

崎本「いいえ、私、罪に対してガッカリなんてしません。死んだことに、殺されたことに対してはガッカリはしますけど、そんなことに対してガッカリなんてしませんよ」

奥崎「当然自分の命をね、守るためには逃亡だってなんだって許されるわけで、日本の軍隊はね、国家がね、逃亡兵を処刑するだけの権利など、資格なかったですよ」

○処刑事件・浜口政一

62　商店街から路地へ

奥崎と遺族が行く。

63 浜口家・店の看板
スーパー・神戸市長田《ながた》区

64 同・店内
家族ともめる奥崎。

女「御客さんがあるからね」
奥崎「うちが休業保証いたしますから、ご商売も大事なんですけど、いや、こちらも大事なんです」
（混声）
奥崎「ご養子さんですか、ご養子さんでしょ、お宅さまは」
（混声）
男「ぎょうさん聞いてますんで」
奥崎「だから、ご主人さん別のところへ」
女「別の所へでもいってもらわな、ね」
女「おじいさん」
奥崎「ご商売も大事ですけどね、それ以前に命を奪われた方なんです、終戦後二十三日目にね、はい、ご商売も大事です、ご商売三百六十五日いつでもやれますんです」
女「それでもね、やっぱりね」
奥崎「はい、わかりました、ですからね、営業妨害で訴えるなら、私が電話します、兵庫県警の方に、いつでも逮捕してくれって」
女「やっぱり、うち、商売の信用があるからね」
奥崎「そんなことよりもね、やはり、銃殺なされた方のほうが大事なんです、ご商売よりも」
浜口政一が階段を降りてくる。
（混声）

奥崎「おいそがしいですから、ちょっと別の場所にかわらせてもらって」
女「ちょっと腰が痛うて」
奥崎「はい、腰が痛いのも、命がないよりはまし、この方々はね」
浜口「はい」
奥崎「ご主人は、ご主人さんはなんて名前だったかな、浜口さん、なんておっしゃった」

スーパー・**元衛生兵　浜口政一《はまぐちまさいち》**

浜口「政一」
奥崎「浜口政一元衛生軍曹さんはね、この件につきましてね、営業妨害だとか、なんだっていうと私の方から警察へ電話しますから」

（混声）

奥崎「腰が痛いよってですけども、腰が痛いのも大変ですけどね、命を奪われた方はもっと大変なんですよ、ご遺族だとかね」
男「大きなお皿とって下さい」
浜口「お皿」
奥崎「腰が、腰が悪い方、あんまりお使いせんほうがええんじゃないですか」
男「ちょっと、ちょっとね、お客さんが五時にみえてやからちょっともらいたいねん」

（混声）

奥崎「お客さんも大事ですけど、こちらのお客さんも大事ですから」
男「何が」

（混声）奥崎の怒声。

奥崎「銭もうけやないか、なにがややこしいんだ、貴様」

（混声）

奥崎「銭もうけでね、お前さんら銭もうけで、この人らは命を失われたんだ、銭もうけと命とどっちが大事なんだ。俺は銭もうけはほかしてこういうことやってるんだぞ。お前さんら海外旅行のね、ニューギニアから帰ってきて、パスポート三枚ほど……」

浜口「外へ出よう」

奥崎「外へ出ようとはなんだ」

（混声）

女「お客さんですねん」

奥崎「だから、出ろ、出てくれ」

65　商店街

浜口、奥崎、遺族が歩く。

奥崎「古清水やあなたがやったことは殺人行為になるわけ」

浜口「こんなとこ、こんな大勢入る店おまへんで」

奥崎「だからどこでも、表へ出たら広い所なんぼでも」

浜口「公園でも行きまひょか」

奥崎「公園なんか寒くてだれがお客さん、できるの、だから広い所へわし案内したげるから」

浜口「はいはい」

奥崎「あなた引き金ひかなかったの」

浜口「ひけへん」

奥崎「引き金ひかなかったのは記憶あるの、たしかに」

浜口「それはある」

奥崎「それだけ記憶あればね、本当に引き金ひいた六名の名前ぐらい覚えているでしょ。そんなこと一生に一回、ざらにないことじゃないの」

浜口「いやいや、そんなこと言ったってね、四十年も前に」

（混声）

奥崎「きのうのこと覚えていなくってもね、そういうね、戦争終わって二十三日目にね、銃殺したような事件の記憶、覚えてないいなんて、そんなあいまいな」

66料亭、寿楼　全景

67　同、寿楼・中

当時の状況を語る浜口。

聞き入る遺族と奥崎夫妻。

浜口「戦争が終わったって聞いたらね、もうほんとに、あのう手たたいて、音のするような手たたいたら隊長に怒られるから、隊長そばやから、帰れるな帰れるな言うて私らほんとに手をとり合って、あの、よろこびました。それから何日して、その、終戦になったこと聞いて吉沢さんと野村さん、一緒に帰ってきたんです。だけどその時に野村さんはね、栄養失調とマラリアでね、ほとんど意識ありませんでした。私、毎日ずうっと、あのう診に行ってましたけどね、ほんとにもう何日もつのかなと思うぐらいの容態でございました。それで軍司令部を訪れて、軍司令部にいかれたらしいんです。軍司令部訪ねていったらうちの部隊のおるところはわかるだろうと。そしていったら吉沢さんと会うたわけ、同年兵です。（混声）それで、あのう、まあ、そこで何日おられたか、その何日も私記憶ありません、司令部にわしら、そやけど、こんなとこおったら、えらい、人ばっかしで食うもんもないし、もう死んでまうから、そして土人の家でも行って芋でも腹いっぱい食って死のうじゃないか言うて、まあ、その逃げたらしいんです。もう周囲も完全に包囲されて、もう何日かだったんです。我々の命はもう何日かだったんです。四キロもないぐらいのところへ一万何千の兵隊が全部包囲されて、実際玉砕命令も出たんだそうです。あの、そんなんで、もう、おんなじ死ぬんだったら芋でも腹いっぱい食って死のうじゃないか言うて、まあ、二人で、その、司令部を出たらしいんです。で、司令部じゃ、あの独立工兵三十六の兵隊が脱走したから捕まえて処置しろという、その、まあ、命令があったらしいんです。これも戦争中の、あのまああのう、逃亡だったらもちろんこれは銃殺されますわ。あのう現地だったらね。それが終戦で、命令が出たのと執行したのとそこに、あのう、大きなこんなまあ終戦ちゅうことがあったでしょう。それをそのまま命令を執行されたというところに、まあ、あの村本さんも心に残られる……」

奥崎「命令は軍司令部の誰かがだしたわけですね」

浜口「そりゃそうでしょうね」

野村「古清水と違うんですか」

浜口「命令は軍から出ていますね、軍から」

奥崎「軍法会議が開かれた、ということはお聞きになられましたか」

浜口「そういうことはありませんわね、あの状態では」

野村「それだったらあのう、はっきり言うたら殺人と殺人教唆やないですか」
浜口「まあ戦死、名誉の戦死ちゅうことにしたっちゅうて聞いたけど、戦病死でっか」
野村「戦病死です」
浜口「ううむ」
野村「戦病死でおかしいじゃありませんか。私があのう、原さんにあのう桜田さんですか、あのうあそこで高野山で慰霊祭の時にね」
浜口「ええ」
野村「九月八日の戦病死というふざけた話があるかって、私言うたんですわ、九月八日に戦争してたかと、私言うたんですわ。終戦後あの八月十五日の終戦をですな、三日あとの十八日に知ったっていうくせにですな、戦病死なんてふざけたことようつけたなて私言うたんですわ。そしたら原さん泣きだしてね、それ以上は聞かんといてくれて、申し訳ないて、泣いただけですわ。それで兄の死に方が私はおかしい言うたんです。兄たちはね」
浜口「ええ」
野村「処刑しなきゃならんていうことを決めた理由にもうひとつね、これは言いにくいことやけどもね」
浜口「はい」
野村「あのーう、人間の肉を食ったという、あのーう、あれがないと違いますか」
浜口「いいえ」
野村「それでですな、兄たちの口を封じなきゃいかんという……」
浜口「それはもう全然否定します」
崎本「一等兵がこう順番にこう、あの私、はっ

野村寿也

きり言いますけど、そのーぅ、食べられていったんじゃないんですか」
浜口「食べられて、とは」
崎本「人肉で。みんなが生きるために」
浜口「それはね、みんな食べたしね、あのぅ、吉沢さんらが別に、とって食べたちゅう話も、まあ、聞かんし、肉はみな、今日は白か今日は黒か言うて、黒ンボか白ンボか言うてね、みな、あのー食べました」
崎本「黒ンボや白ンボがいなくなった場合には、部隊のやっぱり下の者からなら、できますよね」
浜口「いや、その、そんなにあの、戦友まで」
野村「いや、あのね、浜口さん、いまね、こんな世の中ですからそんなこと言っても通らないと思って、あなた、我慢しておられると思いますわ」
崎本「その時はそういう時だったんですよ」
浜口「そりゃね、その、脱走した兵隊はぎょうさんありましたんですわ。それをね、あのまた脱走したもの同士がね、あのう、またあのう肉食うてたとかね、あのうみなあの、手いれ受けたという話は聞きましたけど」
崎本「結局そのう人肉を食べたのは肩とか尻とかをそいでみんなこう」
浜口「ええそうそう」
崎本「そいでもってそして食べた」
浜口「そして骨にしてやね」
崎本「骨にして」
浜口「またお前らみたらこんなしてやるんねていって、人肉食ってまでして生きよったんですわ。もうそこまで、あのういっとったんです人間。うちの部隊では日本兵は食べてません。そりゃもう、はい」
崎本「あの、人肉を代用豚と言ってたそうですけど、あの」
浜口「いや黒豚、白豚といいまんねん」
崎本「あっ、黒豚、白豚って言うんですか」
浜口「黒豚、あの」
崎本「黒ンボの豚」
浜口「はい」
崎本「白豚はあの白人とか日本兵とかね、白豚」
浜口「日本兵は私は……まあ、知らんかったね」
崎本「うーん、そして食べたわけですね、そして古清水―村本もあのーう、結局そういう豚だと言えば食べたでしょ、豚だっていえばね」
浜口「いや、そんなとこに」
崎本「腕なんか持っていけば誰だってそりゃ」
浜口「そんなところで豚がとれることもないのに」
崎本「はーあ、よく野豚を食べたとかよく聞きましたけどね」
浜口「そりゃまだ状況のあの」
野村「芋なんかもなかったんですね」
崎本「じゃ豚っていうのはみんなそれなんですね」
浜口「え、そうでしょう」
崎本「ああ、そうですか。豚を取りにいった……」
浜口「豚も、あの野生のもとったことありますけど」

崎本「なかなかよろよろじゃとれないですよね」
浜口「野生のとったことも。そして土人の豚とったらもう、土人に殺されますよ。土人がもう。もう死体で、累々とね」
崎本「累々と」
浜口「もう道ばたに、あの、こんなにあのう、イカの串焼きみたいな、こんなにむくんで紫色になって、ずうっと」
奥崎「それは日本兵ですね、もっぱら」
浜口「もっぱら日本兵」
崎本「あの吉沢と野村がいなければ、古清水以下、あのうみんなそのまま無事に日本へ帰ってこられたんですよ、吉沢と野村が何か言うと帰ってこられないという邪魔者だったんですよね」

浜口「い、いやー、そんなことはね」
奥崎「口が軽い言うて」
浜口「ありません」
崎本「結局、食べたっていう人肉事件のことでね、あのう、兄がね、すごくがんばったんですよ、こんなこと絶対にって、ゆうふうにね、がんばったんです。そしてあのう古清水もその下の人達も兄達が邪魔になったんですよ、そうなってでてるんです、それで言ってるんですよ」
浜口「それはどなたかね」
崎本「兄が、もう、神が言ってるんです」
奥崎「要するに、あの、立ち会われましたね、浜口さんとしましては、引き金は一回ひかれたんですか、二回、三回ひかれたんですか」
浜口「一回だと私は思います」

野村「兄たちの死体処理の時にね、完全にまあ、最後の脈をとられて、あの死体処理をなさったらしいけどね」
浜口「はい」
野村「その時の、あのう、兄の様子を聞かして下さい。まあ、あの、血だるまになってねえ、あの、やせた体に血だるまになって、あのう、おそらくうつむいて、で、あれしてたやろうけども、どんなあれでした。うまく弾があたってね、あのう」
浜口「六人で撃ったんだからね、私はそんな、出なかったか出んとか、そんなことわかりませんねえ」
（混声）
奥崎「その結果として、やっぱり死体を」
浜口「死体で倒れていったからもうそれで」

奥崎「何発あたっているとか」
浜口「そんなこと知りません。血の出るとこ、やっぱり包帯して、こう巻いてね、巻くいったって、もう包帯、材料もあらへんから、もう応急の、こうして、そしてあの、葬ったんですよ」
崎本「どうやって、葬ったって、どういうふうにしたんですか」
浜口「いや、穴が、こう、二人並んでる前に穴が掘ってあるんです」
奥崎「あなたは絶対に引き金をひいてなかったわけですね」
浜口「わしは、そんなんで、ひけへん」
（混声）
奥崎「ひいてなかったんですね、あなただっていう人もあるんですけど」
浜口「誰？　わしがひいとったら、もっと私、あの、苦しみます」
奥崎「そうですか」
浜口「へえ、こんな開きなおるようなことせえしません」

○処刑事件・丸山軍医

68　夜のカーフェリー

69　同・中、奥崎と遺族（深夜）

70　丸山診療所・入口
訪れる三人。
スーパー・兵庫県洲本市

71　同・診察室

丸山軍医と三人。

丸山「あんた、あんた、野村君に似てるわ。野村君、背が高かったぞ」

野村「はい、私より大きかったですね」

丸山「吉沢いうのは、あんたに似とるかわからんな」

スーパー・元軍医　丸山太郎

丸山「はっきり覚えてへんけどな、どうにかならんのかいうたら、むこうは、もう、その、命令でしゃない、というような、口ぶりを聞いたような気がするで」

奥崎「古清水がですね」

丸山「うん」

奥崎「小泉大佐の命令だから」

丸山「どうも、命令だと言うたような、気がする」

奥崎「古清水がですね、あの、いわゆる現在高見実っていう、当時妹尾実という軍曹がおったんですよ」

丸山「うん、高見実、うん」

奥崎「現在高見実、その当時、妹尾実」

丸山「岡山のな、うん」

奥崎「彼は私の元分隊長でありましてね」

丸山「あ、そうか」

奥崎「彼と一緒に、まあ、ニューギニアへ転属していったわけです。彼に引率されてね、彼は自分も引き金をひいたと」

丸山「うん」

奥崎「それで、その、自分らが引き金をひいたあとでですね、古清水が拳銃でですね、吉沢さんと野村さんに、まあ介錯っていうんですかね、あのまあ切腹する時、武士に介錯みたいな形でしょうけどね、あるいは完全に死にきれてない場合ですね、まあ、とどめっていいますかね、あのう拳銃で撃ったと、その高見実、現在高見実、当時妹尾実軍曹がですね、彼が私にそう言ったわけですけどもね」

丸山「まあ、いろいろあることはあるんだけども、うん、古清水が悪いと思う、わしは」

奥崎「古清水が撃てって下士官に命令したわけですか」

丸山「そりゃ、命令した」

奥崎「撃てって声をだして」

丸山「言わなんだら撃てへん」

○処刑事件・野村、崎本の推理

72　墓地

野村家の墓を訪れる野村、崎本。

野村「兄の遺骨は、そのまま、なんにもあけないでここへ納めさせてもらったんです。あのう、遺骨が入っとるかどうかは、あけてないですけど、親父がね、あけたらいかん言うてね、これはもう兄に決まっとんだから、あけたらいかん、て言うてね、でしかも、そのう遺骨をもらった時にね、南方の人は、あの、本物が入ってないからあけても無駄ですって、あけないで、できたら、あけないで納めて下さいって……」

73　同、推理する崎本と野村

崎本「なんかみんな言うことが違うんですよね、で一致しないっていうことはみんながそれぞれで、なんか嘘ついてるとしか思えませんね」

野村「とにかくね、兄たちがそうやって、あのう、敵前逃亡だなんだという汚名をきせてね、そういう汚名にしたてあげて、あのう、食べ物の材料、結局、兄たちを、あのう死体を、あのう、食べたんじゃないかっていう……」

崎本「私も、そう思いました」

野村「そういう、ね」

崎本「そう、思いました、まあ私達勝手に判断するには、階級の下の者から順々に食べていって、みんな食いつないできて、なんか、四キロ平方の中にしかいられなかったということですからもちろん食べ物ないですから、そのう、てっとり早いのは、そのう、部下をね、その弱肉強食でもって一番階級の低い、力の弱い者から先に餌食にしていったとしか考えられないんです」

74　タイトル　この後、遺族のふたりが、奥崎謙三と同行することはなかった。

○処刑事件・小島七郎《こじましちろう》へ電話

75　室内

電話をかけている奥崎。

奥崎「もしもし、あのですねウエワクでですね、あのう、古清水隊長がね、銃殺を命令しましたですね」

小島「まだ生きてますか」

スーパー・(電話の声) 元軍曹　小島七郎

奥崎「はい、生きております、生きております、元気です」

小島「あの、私は当然殺されてると思ったけれども」

奥崎「ああ、そうですか、誰にですか」
小島「えー、あの人はね」
奥崎「はい」
小島「えー、部下を拳銃で」
奥崎「はい」
小島「しどめした、人間だからね」
奥崎「あの、古清水が部下を殺したわけですか」
小島「えー、日本の戦争犯罪、日本本来の戦争犯罪は消滅すると」
奥崎「はい」
小島「だから処刑はない、という見解を私はもったわけなんです」
奥崎「はい」
小島「それを古清水が、そこで軍の命令だと言って」
奥崎「はい、古清水が殺したわけですね」
小島「ええ」

○処刑事件・遺族の代役登場

76 食堂の中
知人とシズミに遺族の代役を頼む奥崎。

頭を下げる奥崎。

Z・O（ズーム・アウト）して三人。

奥崎「あの、野村甚平さんのですね、あのう、跡とりになりましたですね、亡くなったもんですから、あとの、先祖の遺産を受け継いだ野村寿也という人とか、崎本さん、えー崎本倫子さんって方は、私らの感覚からいいますとですね、もうひとつですね、あのう、こう、あのう、心がけがですね、よくないと思いましたんですね。で、えー、私は長い間、時間かけて、まあ野村寿也さんにも言ってきかせたんですけどね、結局わかってくれませんので、結局まあ彼らと一緒にですね、その命令した村本の家を訪ねる気持ちにどうしてもなれませんのでね、それで、あのう、桑田博先生をですね、今日はですね、野村ヒロシという、銃殺された方の野村甚平さんのですね、弟役を演じていただきたいわけです、よろしくお願いします。（頭を下げる、そして今度はシズミの方を向き）で、今日からあなたはね、まあ、これから、ただいまよりね、私の妻でなくして、えー崎本、じゃなしに、吉沢徹之助さんの、えー、お姉さん役を演じてもらいたいわけですね、まあ、しっかりやって下さい、あまりしゃべらなくていい、もっぱら私が喋りますから」

○処刑事件・古清水政雄

77　タイトル　いよいよ古清水《こしみず》（現村本）宅へ。

78　大竹市内

　歩く奥崎たち。

　スーパー・**広島県大竹市**

79　古清水家・外、村本の表札

80　同・玄関

　古清水と対面する奥崎たち。

奥崎「ええと昭和十九年にですね、三月二十八日にウエワクを出発いたしました独立工兵第三十六連隊ですね、部隊主力と共に行動しまして、元古清水政雄さんのですね、部下の奥崎謙三と申す者です。今日ここへお連れしましたお方はですね、あなたの命令によってですね、六名の下士官によってですね、銃殺刑に処せられました、うーん、吉沢徹之助さんのお姉さんと、それから野村甚平さんのですね、二つ違いの弟さんをお連れしたわけですけどね」

古清水の表情

スーパー・元ウエワク残留隊隊長村本政雄（旧姓・古清水）

奥崎「あの、野村ヒロシさんとですね、えー、こちら、あの石地シズ子さんをですね、まあ、お願いして来ていただいたわけなんですね。まあ、このことにつきまして私はですね、あの、親しい東大出の遠藤誠という弁護士が東京にいるんですけども、彼に、その、先生に相談してお尋ねしましたらですね、明らかにあなたがね、なさった処置はですね、軍法会議に基づかないものであり、ですね、それで当時の、当時の方に照らしてもですね、あのう、あなたのなさったことはね、殺人罪に該当すると、おっしゃるわけです、調べられて。もちろんそれに関わられました、あなたの命令によってですね、命令によって、それを、引き金ひかれた方もね、当然、その、あのう、それは合法的処置ではございませんので、やはり殺人罪に該当すると、現在のね、国の法に照らしますとね、これは当然、あのう、時効というのは完成しておりますんで、あなたのね、刑事上の責任だとか、民事上の責任をですね、法律的に追求することは不可能なんですね、天の法に照らすならばね、やはりあなたのなさったことは、私は時効になってないと思うんですね」
古清水「ぼくはね、あのう、ぼくの、ぼくが……」
奥崎「こういう所でですね、また、ご遺族の方がね、ですから、ですから、できましたらですね、むこうに場所をとってるわけです、駅前に」
古清水「そういう所、とらんでも」
奥崎「はい」

81　同、客間

古清水に問いつめる奥崎。

奥崎「小泉からどういう命令をお受けになったわけですか、具体的には」
古清水「だから」
奥崎「もちろん死刑を執行しろ、だけじゃなく理由ですね、具体的理由」
古清水「だから、それは、あのう、戦線の、土人を、ですね」
奥崎「はい」
古清水「土人をなにして、食べた事実がわかったと」
奥崎「原住民の肉を食ったから」
古清水「はい」
奥崎「だから人道上許せないから、あのう、野村さんとですね、吉沢さんはですね、それによって」
古清水「白は食べちゃいかんが、黒は食べていいと、黒豚ですね、ようするに」
奥崎「黒豚ということは原住民の肉ですね」
古清水「そうそうそう」
奥崎「白豚というのは、いわゆる、白人ですね、敵の人は食っちゃいけないってわけですか」
古清水「ええ、そういう命令がでてる、ということを聞いて」
奥崎「それは軍司令部が言ったわけですか」
古清水「ええ、そういうこと（不明）軍命令でとるということを聞いたりして、それで」
奥崎「軍命令で、それを、白豚は食ってもいいけど、いや、黒豚は食ってもいいけど、白豚は食ってはいけないという軍命令がでたわけですね」
古清水「そのぐらい、ね、状況悪かったわけですよ」
奥崎「はい、あのう、戦った部下をですね、処刑するにあたってですね、やはりその事実ですか、ご自分で、その、野村さんとですね、吉沢さんに、あの、まあ、お前はですね、そういう事実があったんか、だとか、そういうことは質問されなかったんですか」
古清水「質問、それは、本人、おらんのですよ、目の前に、その時にはね、実際の処刑した事情というのは僕は見とらん、わからんのだ」
奥崎「あの、あなたは、その（絶句）」
古清水「実際そういう意味じゃないんだ。帰ってね、帰りに宿舎よって、連隊、あのう、連隊長から、こういう命令受けたんじゃと、これは、あのう、処刑せにゃいけんなどと、ね、その時は兵隊はまだ帰ってきとらんかったんですよ、部隊に、その兵隊は、二人は、私は会うてないんです、その兵隊に」
奥崎「妹尾、妹尾実氏の話ですとね、あなたが現場に立会って、撃て、と命令して」
古清水「いや、それは」

奥崎「そしてですね、銃殺した直後ですね」
古清水「それはね、わしが命令しとるからね、それはわしが殺したということ、言われてもしようがありませんよ。それは、あのう、そういう責任を僕は何も関係ないとは言わんけども、それに、妹尾がそういうこと言うことは、それは、あのう嘘ですわ」
奥崎「そしてあなたがね、自らもピストル、拳銃でね」
古清水「いいや、拳銃は、そん時はもっとらんかったんじゃから」
奥崎「じゃあ、あなたは、その執行の時、立ち会われなかったとおっしゃるわけですか」
古清水「そりゃ私、あの、知らんかったです。その、知らんちゅうのは、見とりません、そういうことは（混声）」
奥崎「あなたの目の前でない場所で、妹尾実、誰かが音頭をとったと言いますか」
（混声）
奥崎「もちろん、あなたの命令に対してですね、専任の下士官がですね、あなたの命令にしがって、そのう」
古清水「やったと思います、やりましたね、それは確かに」
奥崎「丸山軍医とか、浜口政一軍曹は、立会ったって言います」
古清水「浜口軍曹はその処刑の中に入った、そうそう」
奥崎「引き金ひいたのは、引き金ひいたわけですか、浜口は」
古清水「さ、そりゃ、実際誰が、誰と誰がひいてやったということは僕わからんです、って

いうのは、四、五名の者に話をして、やる、
ということは話した」
奥崎「それであとのいわゆる処刑のあとのあとの、そういう、その、処刑のあとに、あなたは野村さんとですね、それから吉沢さんの遺体ですね、あのうご覧になったわけですか」
古清水「それは帰らんうちに、あのう、部隊が移動があったから、それは、あのう、どこでどういうふうに埋めたか、というのも僕は知っとりません」
奥崎「あなたは全然、いわゆる陰で部下を操って処刑さしたってわけですか、命令したっていうわけですね」
古清水「まあ、操る、っていやあ」
（混声）
奥崎「あなたの命令がなければ、妹尾実以下もやらないでしょうしね、あなたが」
古清水「まあそうですね、それはそうですね」
奥崎「あなたのことをね、よく言われる部下の方、いらっしゃられないわけですね」
古清水「まあ、それはそうかもしれん、そうかもしれんけどもね、僕は僕なりにね、とにかく、あのう、みんなを最後までね、連れていく責任がある。ということで、あのう、実際その、戦場でもってあの、うしろにさがった人もおりますよ、僕はね、自分が、そのう、みんなを犠牲にしてね、生きて帰るという気持ちはひとつもない、なかったんです。だけどみんなのためにはね、やっとかなきゃいかん、という気持ちで僕はやってきた男ですから、だから、みんなに悪く言われても、ね、とにかくみんなのために、わしは最後まで、

あのう、やってきた男ですからね、まあ、あんたが何言われても、そのう、僕は天地に恥じることはない」

古清水の妻、コーヒーを出す。

奥崎「それで私はあなたに対してね、最も鮮烈な記憶があることはね、アレキシスでですね、あのう、いわゆる、あなたの部下の兵隊はね、全部、あのう飯盒の蓋にね、その当時状況のいい時で飯盒の蓋にですね、あのう炊いたご飯がですね、軽ーくね、盛ったぐらいだったわけですね、それを食わす前にね、あなたがね、あなたの宿舎の前でね、軍歌演習を歌わせたわけなんですね、私はその当時ね、あなたに対してものすごい怒り感じたですよ。〽来るなら来てみろ赤トンボーっていう歌、歌わせたわけなんですね。だから私はね、その古清水中隊長というのはね、どんな神経している野郎かなーと思って、私はいつも軍歌演習をね、歌う度にね、あなたに対するね、怒りというものを感じとったわけですよ」

古清水「それはもう私がだすんじゃないんだから、軍からそういうふうにしか来んのじゃから」

奥崎「だから、それをね（混声）そういう状況わかっとったらね、そんなもの、歌、歌わせればね、みんな腹減る」

古清水「それはあなたが思うんであって僕はそれはその時はよかったと思ってやったんだから、まあ、それはいいですよ非難うけても」

奥崎「だいたい好きで人の肉なんか食う人おりませんよ、ちゃんと食糧があれば、そんな残虐な人間おりませんよ。だからやはり食うもの食わさなくって、やっぱり、あのう、どう、いいますかね、そのう、自分が命がなくなると思えば、やむなく、あのう、そういうことしたんであろう、ですから食った者よりもね、食うようなね、状況下にね、その、おいて」

古清水の妻、ポラロイドカメラで奥崎たちを写す。

カシャッとフラッシュの光。

奥崎、「!?」となって振り向く。

もう一回フラッシュの光。

奥崎「だから、その、おそらく外国の軍隊っていうのは、そういう人の肉を食ってまでね、戦闘を続く行為しようなんて、していないでしょ、それ以前に投降するでしょうし、ね」

古清水「うん、それはね、それはあんたから言われりゃ、そりゃ冷静に考えてみればね、それは本当に、えー、ま、軽率なことですよね」

奥崎「私はね、人を刺してもね、殺しても、それから天皇にパチンコ撃っても、すぐね、警察、逃げも隠れもしません、と」

奥崎、古清水の腕をつかむ。一瞬ひるむ古清水。

奥崎「さあ行きましょうと、ね、責任をとってくるわけです。ところがあなたはね、私は無責任な人間が最も嫌なんです。あなたはね、ご自分のなさったこと少しも責任とっておられないわけですよ、ね、だから、それのね」

古清水「だから、あんたの考え方と私の考え方が違うんだから」

奥崎「そういうね、無責任な人間でその最高の象徴がね、天皇ヒロヒトであると思うんですね、それからあなたは、その忠実な、ね、部下の将校の一人だと……」

○処刑事件・妹尾幸男再び

82　妹尾家の前（未明）

まだまっ暗である。

スーパー・村本（旧姓・古清水）宅を訪れた、その翌朝五時

スーパー・島根県伯太町

妹尾に挨拶する奥崎たち。

奥崎「この方がですね、あのう、昨日会いました独立工兵三十六連隊のですね、ウエワク残留隊長の部下であってですね、それで兵器下士官であってね、それで、妹尾幸男って方なんです。去年の八月にですね、ここへお邪魔して、そのいわゆる、その、敗戦後の銃殺事件についてあなたにお尋ねしましたらですね、あなたは、そばにおられなかったから知らないとおっしゃって、それで私はそうかなと思ってましたら実はあなたも、その引き金をひかれたお一人だと」

妹尾「ええ、その件については、あの、申し訳ないんですが、まあ、あのう」

83　同・居間

こたつで向き合う、奥崎と妹尾。

スーパー・元軍曹　妹尾幸男

奥崎「原住民のね、殺して肉を食ったって初めて言ったわけです。吉沢さんと野村さんがですね、ほかの方はそうおっしゃらなかったんですね」

　娘がお茶の支度をする。
奥崎「まあ、お茶は、もう家でも飲んでおりますからね、そういうことは心配なく、お話を伺いに来たんで、お茶よばれに来たんじゃないですから」
妹尾「いいや、それは、わかりますが。あの、隊長が来い、ということだから」
奥崎「あなたに、来い、と命令したわけですね」
妹尾「はい、命令が来ました。それでどういうことかと思ったら銃を持ってこいって言われて、それを私の前で、銃を、あのうたしか五梃だったと思うんです。五梃なにして」
奥崎「あなたの当時の階級が伍長だったわけですか」
妹尾「いいや、あの、銃殺用の銃が五梃」
奥崎「銃殺用の銃が五梃だったんですか」
妹尾「はい、それで」
奥崎「銃を五梃持ってこいと言ったんですか」
妹尾（不明）「準備が、準備がして、あっ、え……」
奥崎「はい」
　じっと聞き入ってるシズミたち。
妹尾「私が来た時にはね、それで、あのう、何だかと思っていきましたら、あのう、隊長が言うには、これこれ、逃亡と言われたです、私に」
奥崎「いわゆる原住民のですね、殺して肉を食ったと、そういう罪によってだとは言わなかったですか」
妹尾「どうでしょう、私もね結局、あのう、二、三日前だと思うんです。その部隊へ帰ったあげくですもんですから」

こたつ台の上に、みかんを並べる奥崎。

一同の視線が注がれる。

奥崎「そうすると、あなたと、妹尾幸男さんと、妹尾実氏と、それから原、当時の桜田軍曹、現在の原利夫、それから、えーと、会川利一と、あなたと、五名ですか」

妹尾「五梃の銃に、一発の空砲を」

奥崎「野戦には空砲はないはずなんですが」

妹尾「結局、弾をとったもの」

奥崎「はい」

妹尾「え」

奥崎「いわゆる弾っていうのは、いわゆる薬莢だけですね」

妹尾「ええ、あのう一発入れて」

奥崎「はい」

妹尾「誰も、自分が、あのぅ、その空砲の分を撃ったという気持ちになるような、まあ、やりかたで、ここに五梃あるから、ここに空砲が一つと、全部のなにがつめて」

奥崎「空砲が一つあったわけですね」

妹尾「え」

奥崎「実砲が四発あったんですか」

妹尾「はい、四発です、それで、あのぅ、入っとるから、それも私がいった時には、そういうことになっとったです」

奥崎「はい」

妹尾「ええ、銃を渡されましてね、そのぅ、それで、あのぅ、命令でこういぅ」

奥崎「古清水が撃てという命令したわけですか、撃て、と、現場に立ってね」

妹尾「ええ、ええ」

奥崎「それで、あのう、そうですか、あのう距離というのはどの位の距離だったわけですか、だいたい」
妹尾「四、五メートルだったと」
奥崎「四、五メートルですか」
妹尾「え、ええ」
奥崎「それで、目隠しなんかして」
妹尾「ええ、目隠しをしてあって、あのう、同じことならね、心臓部の方が、あのう、撃たれてもね、それで、なにしたわけですけども、結局、あの、すぐは、ゴロッとはいかれんですから、あのう、この後、古清水さんが拳銃で、とどめをさした、ということはよく私も記憶してます」
奥崎「妹尾実はそう、ね、私に言ってるわけですよ。妹尾実、妹尾幸男、浜口政一、原利夫、それから会川利一ですか」
妹尾「会川利一君だったか、私もよくわかりませんが」
奥崎「とにかく五梃の銃が用意されたわけですね。古清水はどの位置にいたわけですか。これ、こういう時にですね、うしろにおったわけですか、うしろで命令したわけですか」
妹尾「こうじゃない、横におった」
奥崎「横ですか、丸山軍医はどこにおったですか。丸山軍医は、丸山軍医は立会し、ここに、銃殺刑に」
妹尾「たしか立会されて、ま、そばの方だった思うんです、横の方だったかと」
奥崎「この横におったですか」
妹尾「ええ、ええ」
奥崎「あなたは、そして、どなたの心臓を狙われたんですか」
妹尾「私はまん中じゃなかったかと思うんですけど、まん中じゃなかったかと思うんです」
奥崎「いやいや」
妹尾「五人の、ね」
奥崎「えっ」
妹尾「たしか私は、あのう、左の方を狙ったんじゃなかったかと思います」
奥崎「左の方ですか、前、前に立たれた方の、左の方ね」
妹尾「ええ、ええ」
奥崎「それで楽に死なしてあげようと思って、その心臓の方を。あなたは現在、村本の部下じゃないわけでしょ」
妹尾「ええ、そうそう」
奥崎「三十七年前に、また戦争中は村本の金で養われとった下士官じゃないわけですしね」
妹尾「そう、今は関係ありませんわね」
奥崎「はい、こうして朝暗いうちからですね、あのう、ここへお邪魔しましたのもね、みんな私の、これは私にとっての慰霊の行事なんですね。ですから私はね、刑罰を受けることを覚悟の上でね、大日本帝国軍隊のですね、最高の位にありました大元帥であったわけですね、天皇ヒロヒトに対してですね、古清水と一緒で責任とってないわけですね。そしてあなたは、の、うちへですね、去年の八月にお邪魔したり、今日こうしてお邪魔しておりますのはね、そういう私をあなたはこないだ来ましたら、お前みたいな奴がおったから日本は戦争に負けたんだとかね」
妹尾「まあ、そりゃ戦争に負けた時分のこと言うと、ま、いろいろ意見の相違があるわけです。すみませんでございました」
桑田「非常に早くから」
妹尾「いやいや、わざわざ、こういう遠方まで、おいでいただいて、すいませんでございました」

○処刑事件・高見実再び

84　高見家
　縁側で話す高見実と三人。
　スーパー・同日一四時
　スーパー・岡山県矢掛町
　スーパー・元軍曹高見実（旧姓妹尾）
奥崎「妹尾幸男さんがですね、はっきりと、まあ、あの、事実をですね、ご存知の事実をですすね、全部、この前は知らない、知らない、おっしゃったんですけど、この、この度はですね、はっきりと事実をですね、ご存知の事実を」
高見「お寒いの、すみません、どうぞおかけ下さいませ」
奥崎「どうぞ、あの、また、お客さんお待ちしてますから、はい、どうぞ、はい、どうぞ」
高見「すいませんけど、そういう毛嫌いじゃないですけど、ちょっと」
奥崎「はい、どうぞ」
高見「すいません、ちょっと」
奥崎「はい、はい」

85　同・応接間
奥崎「まず、あなたに命令なさったわけですか」

高見「呼んで来い、と」
奥崎「はい、呼んで来い、言ってからどうなったわけですか」
高見「呼んで来いと言うので、それで古清水の前にいっとったわけです」
奥崎「はい」
高見「古清水が、我々、妹尾君や、えー、それから、あの誰ですか、桜井、桜井君ですか」
奥崎「桜田ですね」
高見「桜田君、なんかに言いまして、ああいう行為をさしたわけでございます」
奥崎「古清水政雄がその、自分の銃殺を命令、執行を命令した、下士官に撃てと、自ら命令したわけですね」
高見「だから上からもう、言われりゃ、あの、必然的にそうなってしまったんです」

奥崎「はい、あの高見さん、奥さんがですね、あの、こういう撮影することにね、ご不満のようですけども、あのう、その奥さんのお気持ちはよくわかりますけどもね」
高見「ちょっと」
奥崎「はい」
高見「ちょっと失言、許してやって下さい」
奥崎「あの、よくわかりますけども、奥さんは、そういうね、あのう、事情をお話しになっておられますか」

隣室で高見の妻の声だけ聞こえる。

高見、画面外の妻を叱る。

高見「あんた、何言っとんですか、あっち行っとりなさい」
奥崎「奥さんご勘弁下さい、やはり、あの奥さん」

高見の妻（画面外、泣き叫ぶ声、意味不明）
奥崎「あなたは、その一梃、あのう、まあ、古清水政雄の命令でですね、一梃とって構え、構えられてですね、照準されたわけですか、一応は」
高見「一応そうです。そういう形であって、その経過は、呼んでこい言うんで、その事情は私も知らなかったわけだけど、どういう理由か、どういう罪状とか、そういうことでなしに、やった、ことです。事実、それはやりました」
奥崎「で、あなたは、あのう、照準をはずされた、と」
高見「うん」
奥崎「で、それはまちがいなしに、照準をはずされたら当然、短距離でもあたりませんですわね。距離が短くってもあなた、あたらなかったと思われますか」
高見「私はそう思うんです、というのは近距離でございましたから、すれば、これ、あたるわけです」
奥崎「何メートルぐらいでした」
高見「それは、もう」
奥崎「五メートルぐらいですか」
高見「あの、距離ですか」
奥崎「はい」
高見「距離は、やはり、こっからあれぐらいですわな」
奥崎「五メートルぐらいですか」
高見「五メートルぐらいあったと思います。だからそらす、いうことはやっぱり近距離、人間これだけの体ですから、まともにいくわけですから、ちょっとこう、そらせば、これくらい逃げる、と、その時に即死でもなしに、お倒れになったと思います。パーンと（不明）パンと尻もちをつかれた」
奥崎「はい」
高見「そのあとに、いて、古清水が」
奥崎「それは何発撃ったわけなんですか、一人に一発ずつ」
高見「一人に一発ずつ。それからこんにちの、今日のことにつきましては、私がはっきりお詫び申し上げて、ということです。申し訳ございません。もう奥崎さんもいろいろとおっしゃって、わかるんでございますけれども。こういうつまらぬ、非人間的な人間で、ご遺族に対して、その、施しをすることもせず、ただ、ただ、私、お詫び申し上げるほかないんでございます」
奥崎「あなたが私の分隊長でありね、元部下だったわけです。その男がですね、こうして戦争おわってから三十八年目にね、あなたのところね、こう、参りまして、私の方が人間として立派ですよ、と、ね、心の底から思えるのは、思ったり、言えますのは、やはりそれ相応のね、敗戦後それ相応の生きざま、生きかたをしたからだと思うんです。それはもちろん私の力ではなくって、今言ったように神の法とか天のおかげだとかね、自然の法のおかげだと思いますし、それからそういう気持ち、心をお持ちになった方がね、当然、私を理解して下さる方のね、みなさんのお力添えのおかげで、こうしてこられたと思うんですよね」

高見「ほんとにみなさん、すいません、何のおかまいもせず、すいません」
（深く頭を下げる高見）

86　高見家・外
別れの挨拶をする奥崎と高見。
奥崎「突然、ご迷惑でした、とにかく奥さんによろしく」
高見「あっ、どうも許してやって下さい」
奥崎「奥さん、まだご理解されてないようですから」
高見「ええ、私、家内に、私がガンとして」
奥崎「いやいや」
高見「十分、失礼の段、ひとつ、許してやって下さい」
奥崎「奥さんにどうぞよろしく」

深々と頭を下げる奥崎。
さらに深く頭を下げる高見。

○くじ引き謀殺事件・代役紹介

87　深谷駅前
スーパー・埼玉県深谷市
カメラに向かって大島英三郎の紹介をする奥崎。
後ろにシズミ。
スーパー・アナーキスト大島英三郎《えいさぶろう》
奥崎「大島先生は、えーと昭和四十四年の一月二日の午後にですね、皇居で、あのう、まあ、発煙筒をね、たかれまして」
インサート・新聞記事見出し
皇居に二十万人の人波
晴れやかに天皇御一家

六年ぶりお立ち

インサート・新聞記事見出し

陛下へゴムパチンコ

アナーキストの発煙筒騒ぎも

奥崎「その大島先生と私と同じ日に、午前にですね、天皇ヒロヒトに、えーパチンコを撃ったわけで、そういうご縁で今日は、あの、橋本、大島先生にね、えー、橋本義一という軍曹が、私の部隊におりました軍曹が、連隊長以下最後の五名になるまでですね、あのう、生きておった時点、生き残った時点で、同僚の軍曹のために、以下二名の兵隊のために、謀殺されました事件のですね、あのう、まあ、真相を究明するために、大島先生を、そのう、橋本義一軍曹の、まあ、お兄さん役にね、なってもらうために、あのう、きた、きていただいたわけです」

88 タイトル　三十六連隊本体でも「くじ引き謀殺事件」があった

○くじ引き謀殺事件・山田吉太郎

89 山田家・前

やってくる奥崎たち。

山田家の人々、妻、子、孫たちの姿。

玄関に入り、挨拶する奥崎たち。

奥崎「あけましておめでとうございます」

山田「おめでとうございます」

奥崎「お体どうでございますか」

山田「まあ、こんな程度だね」

90 同・中

山田のアップ。
スーパー・元軍曹　山田吉太郎
入口の土間で、山田に向かって話し出す奥崎。
奥崎「山田さんは、その、まあ、下士官の中では尊敬してましたですね、あのう、橋本義一さんですね、三人で草の葉をひいてですね、くじ引きして、それで、殺されたということを聞きましてですね、山田さんから、で、片方のね、あのう、ウエワク残留隊の殺人事件だけね、真相を究明してですね、山田さんと私達、行動したね、連隊主力の方の殺人事件にも該当するわけです。山田さんは、くじをひかれたとおっしゃいますけど、それは、あの、刑法上、共同正犯になるわけですね」
インサート・病院のベッドに寝ている山田
山田「いいや」
山田、部屋に上がる。
奥崎「それでね、そのね、まあ、あのう」
山田「たくさんだいっ」
奥崎「はい、えっ」
山田「今さらそんなこと、おら、奥崎さんと何かやってきたけど、そんなものは掘り下げたってどうにもなんねんだよ」
奥崎「じゃあ、そういう事実」
山田「俺は、はっきり言うけどね」
奥崎「はい」
山田「うちはみんな、あのう、俺が残務整理したよ」
奥崎「はい」
山田「実際、奥崎も知ってるけど、ニューギニアで亡くなった人は、家族に聞かせられねえような死に方してるんだよ」
奥崎「だから、その、そのことをね、むしろ聞かしてあげることがね、戦争でなくなったこと、これから戦争」
（混声）
奥崎「だから、それをね、そのう、実際は銃殺しとりながらね、それを戦病死なんか言ってますとね、また再び戦争がね、その、戦争ていうものの実態がわからないわけなんですよ」
山田「俺はなるべく実態を知らせるようにあの記録書いたわけ」
奥崎「あの、えらい悪いですけどね、こちら橋本義一さんのね、お兄さんでございますしね、それで村本の場合でもみな座敷あげ、まあ失礼なりますからね、あなた、立ったままで、だから妹尾幸男ぶん殴ったわけです。そういう格好して立っとったからですね」
山田「俺は腹を切ってあるから、あんまり座れないんだよ」
奥崎「ああ、そうですか、じゃあ、じゃあ、あそこにね、あなた座られてね」
山田「じゃあ腰かけるね、悪いけんど」
奥崎「あなたに今日こうしてお伺いしましたのは、ほかの連中には皆、そういう事実を、だいたい、まあ、言ってもらってきたわけですよ。ですから山田さんにもね、その、まあ、言いにくいでしょうけどね、やっぱり」
山田「言いにくいどころか、それだけは記録に書けなかったということは、やっぱり口でも言えないことなんだよ」

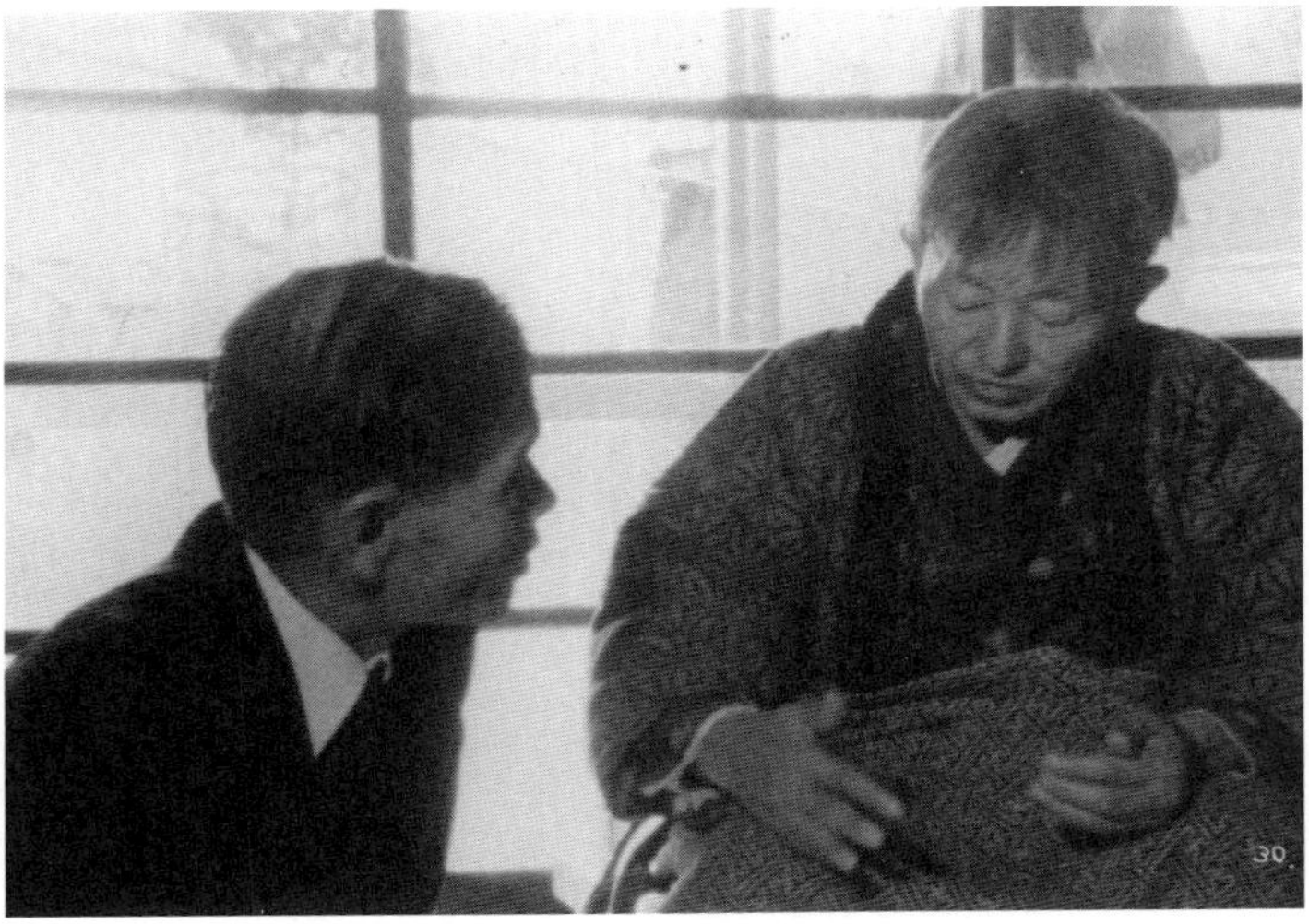

36連隊の生き残り山田吉太郎軍曹と奥崎

奥崎「それは、それはね」
山田「あまりにもあわれだから」
奥崎「いや、だから、それをね、言っていただくことがね。殺す、その仲間に加わられなかった、それは、それは刑法上で」
山田「そんなのはどうでもいいよ、おらあ、もう、俺の生活っていうもの、とっても理解できるものじゃないよ」
奥崎「あなたがね、あなたがあのあれでしょ、病気になったいうときね、私は東京拘置所の中からね天罰だ言ったでしょ、あなたにね」
山田「ああ、聞いた、あの時……」
奥崎「えっ？」
山田「腹ん中でうーんと怒ってたよ」
奥崎「えっ」
山田「だけど俺の場合はちっとも天罰じゃない

よ」
奥崎「いや、そういう考え、あなたのね……」
山田「だから見解の相違だってさっき言うんだよ、奥崎さんと俺では、同じようだけどそういう所で必ず隔たりができちゃう」
奥崎「あなたは絶対に天、あな、あなただけが天罰言ってるんじゃないですよ、私がねニューギニアで飢え死にしそうになったことも天罰だし、家内が交通事故で重症負ったことも天罰だし、私がね、殺したくない人を殺すことになったのも天罰だしみんな天罰だと思ってるんです。とにかく不幸になるということはね、それ相応のことしてるわけです。あなたは。あなたは何もしていないと言うわけですか、今日まで……」
山田「そんじゃ、俺がもししていない場合は先祖がしてるって言うだろう」
奥崎「あなた自身がしてるじゃないですか、ニューギニアで」
山田「みんなしてるよ」
奥崎「だからみんな天罰受けてるわけで、あなただけじゃないですよ」
山田「だけど天罰と思ってないよ」
奥崎「だからそこに……」
山田「できるだけのことやってきたんだよ」
奥崎「だからそこにあなたなりの問題があるわけでしょ、ね、何故あなたは」
山田「天罰だと思ったら、きりないよ」
奥崎「あなたはね、あれだけ悲惨な戦争体験をし、そしてまた戦争帰ってからね、何故こう何回も何回もね、腹を切ったりはったりするようなね、そういう病気になる、それはあなたが天罰じゃないと思ってるね、それは思い上がりだと思うですね」

山田「思い上がりなんて、それはあんたが……個人個人の考えがいろいろあるよ」

奥崎「あなたあなたがね、全然そしたら人間としてね、恥ずかしくないこと罪にならないこととして来た言うんですか今まで」

山田「みんな罪犯してる、誰だって」

奥崎「だからだから罪はあなただけじゃないし、みんな天罰うけるって言うんです。あなただけ天罰うけないと言うのは、わたし認められないわけです」

山田「だけど俺は天罰と絶対思ってない」

奥崎「そうするとあなたは」

山田「いま生きてるのは自分の努力で生きてると、奥崎さんには奥崎さんの人生があったろうし、俺には俺の人生があった、ひとりひとり皆違うんだよ、一緒に生まれて一緒に死ぬことはできないんだよ」

奥崎「だけどみなね、あの共通して言えることはね、あなたも私も含めてね、あのーう、あなたも語れないこととしてきてるわけでしょ過去に」

山田「語ればね、かえって害になる場合もうんとあるわけ。だから俺の記録よんでみてもわかるだんべね、どういうふうに生きてきたか、木のうーん、草の根っこ、木の根っこから木のてっぺんまで食べたって書いてある。この中にいっさいが含まれているわけだよ」

奥崎「それぐらいの話はね、戦争から帰って来た人は皆言ってるわけ。それぐらいのことはね、そんなことは」

山田「ニューギニアは別だよ、とてもありゃあ生きられるところじゃないよ、あそこは」
奥崎「虫を食ったとかね、そういうことは誰でも言ってることです。そういうありふれたことをね、今日聞きにきてるんじゃないんです、あなたに、ね」
山田「そんだけどね、俺は」
奥崎「あなたが体験してきたことを」
山田「心に決めてあるわけだから」
奥崎「えっ」
山田「俺にはこれ以上のことは言えないことを心に決めたわけ、だから俺は氏神様に戦友をまつってあるわけなんだから」
　インサート・山田家の庭の小さな祠
奥崎「しかし」
山田「結局これはね、そのときの人の指導者だとか、あー、そいつの流れに流されただけだよ」
奥崎「そうでしょう、だから」
山田「だからこれからを心配して今の世の中をね、俺は心配してるわけなんだよ」
奥崎「心配する、するならばね、なぜあなたの体験したことをね、その語るべきじゃないすか。そういう連中にまた再びそういうことをさせないためにあなたは地獄を見てきたわけでしょ！」
山田「そうだよ！」
奥崎「その地獄を語らなくってね、戦友の慰霊なんかなるはずがないすよ。あなたは結局ね、現在のね、現在の家族とかね女房だとか子供だとか孫のこと考えて言わないんでしょう、あなたは。だからこちらへね、橋本義一さんのお兄さんが、話を聞きたいとお見えになっているわけでしょ。そしたらあなたはね、何かを語るべきでしょ、何か、すいませんとか何か言わないんですか、あなた」
山田「なんで俺にすいませんて、言えってんだ」
奥崎「なんで、あなたは三人で殺したんじゃないか」
山田「知るかい、そんなことは」
奥崎「知るかいって、おととし、あなたの、みんな、正月、言ったじゃないか」
山田「何言ったってね、おれらの生活なんかとても理解できるもんじゃないよ」
奥崎「理解なんかしようとは……」
山田「理解できるような生活だったら俺だけ生きて帰る、でてくるはずない、みんな生きてこられたはずだよ」
奥崎「だから理解とか（混声）理解、事実を話して下さいっていうんだ、それが最高の供養になるっていうんだ」
山田「俺は俺なりの供養してる、奥崎さんは奥崎さんの供養なりの供養してるだろう、俺は俺なりの供養してるんだよ、だから俺は靖国神社行ったって」
奥崎「靖国神社行ったら英霊が、その、救われると思うのか、貴様、えっ」
（混声）
奥崎、靴のまま座敷にかけ上がる。山田の胸ぐらを摑んで押し倒す。とび出してくる家族。
山田の妻「奥崎さん、病気だからすみません、それだけはやめて、ここで死んだら伜が」

山田（不明）「暴力ふるってるの、見てるんかっ」
スタッフに向かってどなる山田。
（混声）
孫が止めに入るが、迫力に押されてひき下がる。
奥崎「何故言わないの」
山田「俺がいくら言ったって理解できゃしないんだよ」
奥崎「人を殺しとって、事実を言えってんだ」
奥崎、革靴の足で山田を蹴る。
（混声）
山田の妻「それだけはよして」
奥崎の妻「やめなさい」
シズミ、身を挺して止めに入る。
山田「あ、いたっ」
（混声）
入り乱れる人々。
山田「警察を呼べっ」
奥崎「警察ぐらい俺がよんだるわ、どこに電話あるんだ」
奥崎、電話のある方へ。
山田をいたわる妻。
山田の妻「それだけは、おじいちゃん」（不明）
山田「だってむこうがかかってきたんだもの」
山田の妻「だから、病気なんだからね」
奥崎「病気なら病人らしくちゃんとしとけ」
１１０番する奥崎。
（混声）
山田「みんな犠牲者だよ」
（混声）
山田の妻「伜に怒られるから、今、伜も留守だから、大きい伜がね」

（混声）

山田の妻「おじいさんも、多くね」

山田「てめえらが悪いんだ、みんな、俺は今まで協力してきたんだ」

カメラに向かって怒る山田。

山田の妻「関係ないんだから、それ言わないで、黙ってな」

山田の孫「寝てなよ、おじいさん」

奥崎「山田っ！」

山田「一票だけなんだよ、一票だけ」

奥崎「山田吉太郎!! 呼ぶんだろ110番を」

山田「（不明）それ以上しなきゃ呼ばないよ」

奥崎「えっ」

山田「あんただって苦労してる、俺も苦労してるんだ」

奥崎「だからその苦労してることを言え言ったんだ、何故言えないんだ、貴様」

（混声）

山田「六回腹きってる」

（混声）

山田「体力ないから、普通ならまけやしないよ」

山田の妻「大きい伜が留守だからね、それだけは」

山田「場合によっては告訴するよ」

奥崎「どうするんだ、呼ぶんか、呼ばんか、山田吉太郎！」

（混声）

奥崎「こさすんか、おい、山田、パトカー呼ぶんかっていうんだ」

山田「もう少し冷静になってくんなよ」

大島「あんたがね、あったことをありのままに」

（混声）

山田「どんなことがあったって言えるはずがない、あんな生活ってのは」
奥崎「山田っ！」
山田「みんな悲しむから」
奥崎「呼ぶんか、呼ばんか、おい！」
大島「戦争っていうのは」
山田「悲惨だってねえ、もう二度と起こしてもらいたくないってことは年じゅう願ってる」
大島「この頃の若い人はそうでないの、ええ、あの映画会社だとか何かの宣伝で、戦争というのは勇ましい……」

受話器を置く奥崎。
あらためて靴をぬぎ、座敷に上る奥崎。

（混声）

奥崎「病気だけど、元気ええじゃないか、わしにあれだけかかってこられるのなら」
山田「だからさっき言った体は駄目だけんど」
奥崎「あれだけね、あれだけ俺にかかってこられればたいしたもんだ。私はね、病院じゃ心配してた、あなた死ぬんじゃないかと思って、それだけ元気になれば」

（混声）

山田「俺はまあね生きればいいと思ってる」
大島「あなたがね、ありのままに話してくれれば、戦争はこんなにおそろしい嫌なものなんだということが伝わって、戦争の防止に役立つんですよ」
山田「そういうことは俺知ってるんだよ」
奥崎「知ってたら素直に何故言わないの、あなたを責めに来た、あなたをね」

山田「(混声)……いいじゃない、暴力までふるって」

奥崎「でもあなたがあまりにもね、あのぅ言わないからよ、それであなたがね、それだけ」

山田「何で俺にそんなに言わせようとするの」

奥崎「それはね、やっぱりあなたのためじゃない、なくなった方とか多くの人をね、やっぱりその、これから戦争にあなたがおっしゃることによって、それはだいぶ違いますよ。あなたが本当にそういう地獄を体験なさったことをね、おっしゃって頂くのは。それから独立工兵三十六連隊のね、主力の中で、本部と二中隊と三中隊の中からあなたとわたしだけ生きて帰ってきたわけでしょ。一中隊が先行してね六人程度帰ってきたわけでしょ。そういうね、あなたもちろんあなたの方が地獄を多く見てきとられるわけです。私は幸い人の肉を食わずに生きて帰れたわけですからね。ところがウエワク残留隊は人の肉をさ五人で食って、あの食わなきゃ生きていけなかったし、それを食った人を責めるんじゃなくむしろ、私は食わした人をね問題があると思うんですね。ところが食わした人いうのは食わした連中は、ちっとももとがめられないわけですね。その最高の責任者がヒロ、あの厚顔無恥のわたしヒロヒトだと思ってるわけですね。ところが彼、生まれてから一回もすいませんなんて言ってないわけでしょ。ところがあなたの戦後の生活みてますとね、もっぱらご家族をね、子供さんを学校へね、やられることに」

山田「責任だよ、親の」
奥崎「ところが、その、その親の責任だとおっしゃいますが、あなたはニューギニアへ、から、生きて帰れなかったら親になれなかったわけでしょ」
山田「それは知ってるよ、それは年中思ってるよ」
奥崎「ね、ね、だからね、それはお子さんも大事でしょう、お孫さんも大事ですけどね、まず原点にかえって、俺がニューギニアに生きて帰って、帰ってこられなかったら、女房も子供も、孫もないんですね」
山田「それは年中思ってる」
奥崎「ね、そういうお気持ちでしたらね、お子さんも大事ですけどね、あなたのように特別ね、その部隊主力から唯一のひと、ただ一人の生き証人としてね、生きて帰られた方がね、ただ、あの、世間一般の戦争体験なさらなかったね、一般の方のように、その、ご自分の子供さんとね、そして、あの、家庭だけをやっておられたんではね、おそらく私は天はお前は、山田吉太郎、お前を生きて帰らせたのはね、そういう世間並みのね、そのう戦争体験のない、あまり戦争いっても苦労しなかったような人間のような生きざまをさせ、させるために日本に生きて帰らしたんじゃないんだというね、私は気持ちでね、あなたに、そういう何回も何回も切るようなね、私は病気なさったんじゃないかと思った。それで私が殺したくないね、人をね、ほんとうに殺したくなかった人をね、戦争後十年目に殺すことになったのもね、やはり、私はやはり天罰だと、十年間ね、そのう、自分の商売だとか家のことばっかり考えてですね、そういう自分が特別にニューギニアからね、山田さんと私のように生かされた身でありながら、世間一般の人のように、私に至っては本に書いてますけど、家内の目を盗んでですね、あの、いわゆる赤線にいっとったわけですね。もう、それ以後ありませんけど、人殺してからは、そんなことしておりませんけども、だから私は人を殺してしまってから独居房でですね、ああ俺はこんな殺したくなかった人を殺して、二、三年しか覚悟して、刑務所で覚悟してなかったのに、十年も独房生活することになったのはね、結局戦争からああいう特別に生かされておりながらね、そういう、帰ってから十年間、その世間の人並みに自分のことばっかり考えてですね、生きてきた、そして誰にも自慢できない行動してきたね、そういう生きざまに対する天罰だと私、受けとったわけです」

山田「俺はそりゃ生きるためにいろんなことがあったよ、だけど」

奥崎「それはね、やっぱり、あの、あなたが生きて帰られね、ほかの方は亡くなられたわけでしょ」

91　同・玄関

（監督）「（オフで質問）痛いですか」

奥崎の妻「そりゃ痛いですよ、靴、履いてるでしょ、私が受けたんやもの、足を、あの人が、蹴飛ばすの」

監督「（オフ）あの、ちょっとすいません、家族の人」

92 同・居間

奥崎「アメリカも、アメリカも再軍備やってるわけです、しきりとね、こういう状況の中でね、あなたがそういう過去に経験された、誰でも体験されたならあなたのとこきませんですよ。ほかのとこ行きますし、そんな誰でも体験したようなこと聞いてみたって仕方ないでしょ、そんなもの、ありふれたこと、だからあなたしか体験できなかった、されなかった、そういう貴重な、人類の財産っていいますか、宝、それはほんとに大きな宝、その、あなたの体験を、ひとつのために、多くの無数の人が、その背景に背後に亡くなっとるわけでしょ、悲惨な死を、だから、あなたの生きてこられたということは、無数の人のね、命の、まあ、象徴っていいますか、そのね、千の命の、例えば、千万の命の、あなたは一つとして、まあ、生き残ってこられたような方だとおもうんですね。だから、その方がね、そのう、沈黙されたとしたら、それは宝のもちぐされっていいますか」

山田「いや、沈黙っていうのじゃなくってね、やっぱ、生きてる人間にはね、話せる場合、話せないところもあると」

奥崎「いや、それは、あなたのね」

山田「（混声）無理だよ」

奥崎「あなたのね、語りにくいことがね、語りにくいゆえに、よけいね」

山田「それは俺だけの立場だけじゃないんだよ、亡くなった人のことも、いろんなことがでてくるからね」
奥崎「いや、だからね、そのいろんな方のことではなくって今日お伺いしましたのは、橋本軍曹さんのですね、橋本義一さんのね」
警官「山田さん、ちょっといいですか、ちょっといいですか」
山田「なんですか」
警官「私と話、できます?」
山田「はい、いつでも、いい、(奥崎に)自由ですよね、お互い自由だものね」
奥崎「ええ、もう、なんですか、用事は」
警官「110番あって来たんですけど」
奥崎「いや、110番したって、この人が呼ぶ言ったから呼んだことで、まあ、呼ばないとおっしゃったから」
警官「そういうことは、山田さんから話聞きます、どういう内容で110番したのか」
奥崎「だから、それはあとでいいよ、そこへ警視庁もいるでしょ、なんか、ついてきてるのが」
警官「私たちは、また別だから、制服できてますから」
奥崎「だから、制服でこようと、(不明)今ね、重要な用事だから、あんた呼んだわけじゃないから、ね」

(混声)

警官「何故110番したか、それだけ話を聞かせて下さい、何故110番したか(不明)」

奥崎、山田との話を中断して警官と話す。

奥崎「彼がね、戦争中にね、そのぅ、三人の、合計二人の兵隊を殺したわけですよね、その真相ききに来たわけですよ。ぶんなぐったり、蹴飛ばしたりしたわけ、個々で、お互いに蹴っ飛ばしたりした……」
警官「お互いに、山田さんも手を出したっていうわけ、いくらか」
山田「いや、おらあ、ふんづけられただけ」
奥崎「だけど彼はね軍隊で、だからそんな暴行とかそんなちゃちなことじゃない、この人は人を殺して食ってるわけ、人の肉をね、もっとね」
警官「まあ、とにかくちょっと表いますからね」
奥崎「だからおりたければ、ずっとおったらええわけ、あんた出る幕じゃないの」
警官出ていき、奥崎、山田に向かう。
大島「とにかく、あの」
山田「おらあ、嘘言わねえんだ、ただ言えることと、言えないことがあるっていうだけは理解してもらいたいんね。俺に言えっていうのは奥崎さん無理だよ、俺の心には無理だよ」
奥崎「何か」
山田「悪いけんど」
奥崎「えっ」
山田「みんなに悪いけんどね」
奥崎「何か」
山田「その人の、互いに立場があったわけだから、人に、他人に、ただ、いちいち喋るだけ、そりゃ、いいもんやら悪いもんやら随分考えたよ俺も」
奥崎「あんたのお気持ちもようくわかりますけど、あなたの、あの、体験なさったこと、いわゆる橋本義一軍曹のね、殺害事件の真相をね、話していただけることがひとつの大きな」
山田「殺害事件って言われたら俺は困るけんど」
奥崎「いや、まあ、そういう、まあ、一応ね、あの刑法上ではそうなるんです」
山田「まあ、全部、あの、弾にあたって亡くなったことになってるわけだ、部隊長だけは、あのう、自殺、今の言葉で、自殺になってるわけだ」
奥崎「部隊長は自分で自殺したわけですか、ピストルでですか」
山田「だけど今の世の中では責任放棄になっちゃうんだよ、、一人話せばみんな話さなくちゃなんないし、ただ、かわいそうだったたって、言うだけだよ。なんてんだ、そういう現場を、始まったんが、十九年の七月頃からじゃねえんかな、よその隊で、高射砲隊でね」
奥崎「はあ、でもあれでしょ、あの、その、最後の、最後の、最後の、最後の五名になった時分は、もう、なんですか、あのう、あれ」
山田「よその隊の人はそれ禁止してでてったわけだから、出発したわけだから」
奥崎「はあ、じゃあ最後の五名になった時は、戦争、戦争、敗戦、敗戦前ですか」
山田「前だよ」
奥崎「前ですか」
山田「まだまだ」
奥崎「まだ前ですかね、はあ」
山田「(大島に向かって) 悪く、ま、冒瀆するようで悪いけどね」
奥崎「いや、それはもう、ありのままに」

山田「また、俺だって正気な生き方じゃなかったんだ、当時それはできないんだから」
奥崎「はい」
山田「で、実を言うとね、うちは五名しかいないんだよ」
奥崎「五名しかいない」
山田「それでね」
奥崎「はい」
山田「俺はあん時、あのぅ、（大島に）橋本さん、わりあい贅沢な暮らししたでしょ」
（混声）
奥崎「橋本さんは、その野道《やどう》三十六連隊の、兵隊のものも、食糧をぬすまれたわけですか」
山田「そう、いっぺんに盗りゃわかんないから、ちょいとスキに、ほら、今日は、あのぅ、例えば、あのぅ、まあ、三日以上歩くと一日休憩するって話がでるからね、結局圧力加わったわけだ、なんとかしてくれってんだよね」
奥崎「ははあ、なんとか処置しろ、と」
山田「してくれって、しろ、とは言えない、むこうだって」
奥崎「それでまあ、三人で相談なさったわけですか」
山田「三人じゃねえ、みんなで相談したわけ」
奥崎「みんなっていうのは、野道の兵隊もですか」
山田「そうだよ、みんなね、だけど、おめえがほうでしろ、おれがほうの人間じゃないから、おめえがほうでしろ、って言うんだ」
奥崎「はあ、結局、その野道、やはり野道のほうから圧力かかって、こちらで」
山田「圧力かかると、それ実行しなきゃ、こっちの身が危ないんだ」
奥崎「そうですね」
山田「そういう状況の生活なんだから」
奥崎「だからむこうが、むこうの言うことききかなけりゃ、こちらも」
山田「当然」
（混声）
奥崎「山田さんだけか、ほかの者も危なくなるわけですすね」
山田「ほかも全部やられちゃいますから」
奥崎「いわゆる、その、白豚、黒豚ね、代用豚だって食わざるをえなくなって」
山田「戦争って頭ないよ、みんな生きることだけだよ」
奥崎「はあ、当時、もう、その頃になるとかなり、もう、あの、人間の肉は、みな、まあ、部隊長は知らずに、知らず、食って死んでいったでしょうけれど」
山田「まあ、誰も言わないからね、気の毒だから」
奥崎「もちろん、あの、原住民の、えー、に、肉」
山田「原住民は食わねえやね。とてもむこうのほうが、すばしっこいから、こっちがまけちゃうんだ」
奥崎「結局、まあ、日本兵の中で憎まれてる人とか、山田さんも何か」
山田「だいたい迷惑かける人が多かったね」
奥崎「迷惑かけて、負担になる人とか」
山田「自分だけ、一人だけ生きようとする、ずるく考える。まあ、普通の人から思えばずるく、ととるし、本人とすれば真剣なんだけんど、だから悪くはとりたくないんだ、俺は」
奥崎「山田さんも、何か、殺されるってこと耳うちされた」
山田「俺なんかいくらもあるよ」
奥崎「殺されかけた」
山田「だって、自分の勢力が、一人でも二人でも減れば、今度は狙われるがね、だけどそれ、かばう人もいるわけだ、やつ殺したら不自由だって、俺はそれで助けられた」
奥崎「山田さんは、まあ、そのう、野道三十六連隊の人たちに」
山田「最後、俺が一人そこへ入るわけさ、だんだん死んでいって」
奥崎「で、あなたが結局、野道三十六連隊の生き残りの人達に、まあ、役立つ人物であったために」
山田「実を言えば、自分のこと言いたくねえけど、勘がよかったわけ。水がある山、ない山、この峰はどっちに通じるか、外が見えないジャングルだって、見分けるだけの力があったわけ。だから、俺を殺しちゃえば、みんな不自由になるわけ。だから殺したいっていう人も、殺して食いたいっていう人もいるけんども、また、かばう人もいるわけだ。それで、生きたんだよ」
奥崎「それであなたは食われなくて済んだわけですね」
　山田に、胸中の決意を語る奥崎。
奥崎「戦争の犠牲になられた方をね、まあ、喜ばれるだろうと思うことならばね、幾らでもやろうと、だから現在も、今年もそれ、考えてるわけです。今まで、えー、独房生活合計

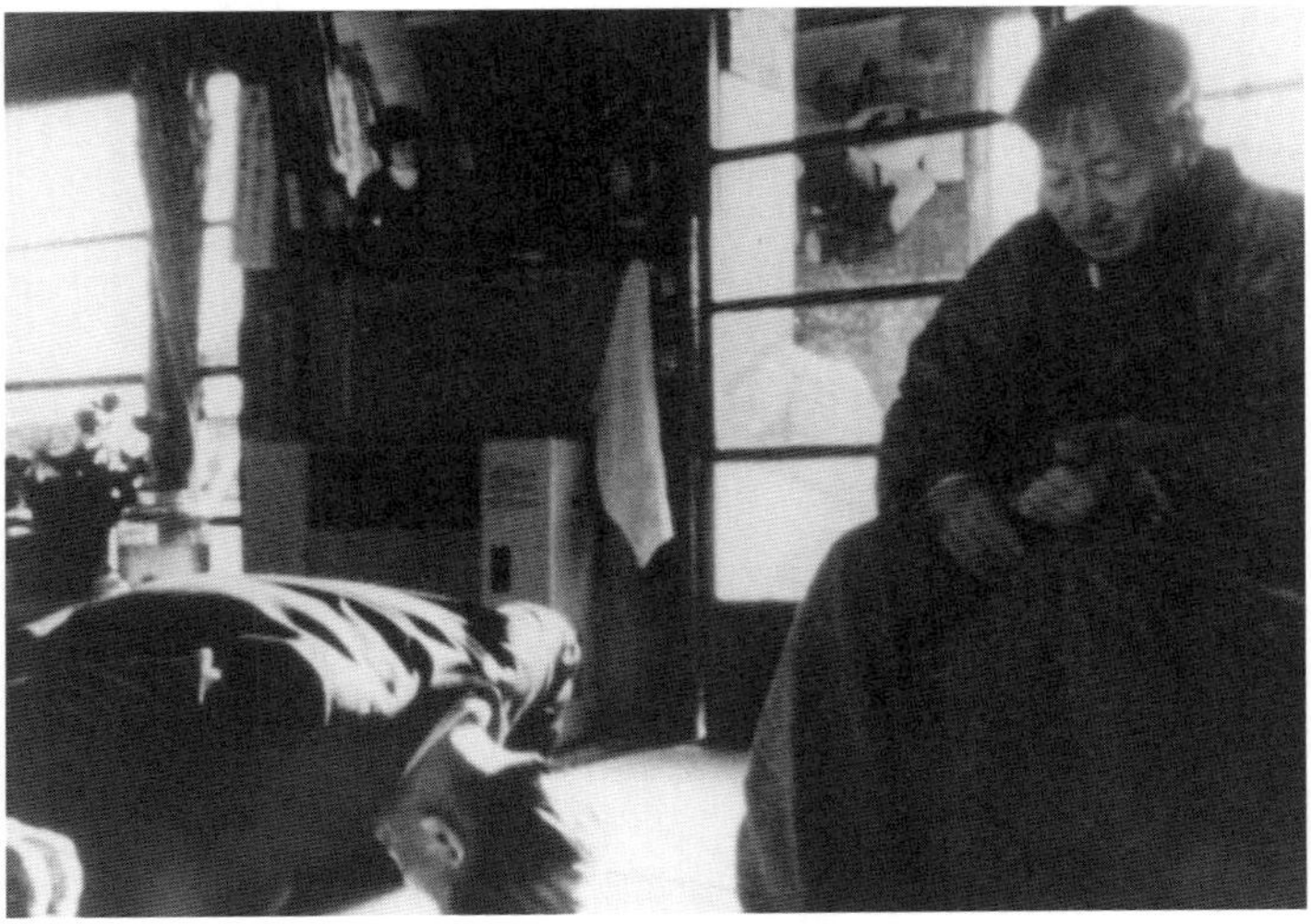

暴力をふるったことを謝罪する奥崎

十三年九カ月してきましたけど、また、十年やるって決心したわけです、今年は。また、十年やるって決心したわけです今年は、まあ、私にとって、暴力しかね、とりえがありませんでね」
山田「自分が考えてることが、まっとうできなくなっちゃう場合もあるから」
奥崎、深々と畳に両手をついて謝る。
奥崎「えー、暴力ふるったこと勘弁して下さい」
山田「俺は、全然、そんなこと、ねえです」
奥崎「どうぞ、勘弁して下さい」
山田「いや、その時の」
山田の妻「話の途中ですみませんけど、シッコ大丈夫かね」
山田「俺、神経がないんだ、小便する能力がないんだ」

奥崎「ああ、そうですか、神経っていったら足ですか」
山田の妻「おしっこ」
奥崎「(驚いて) あっ、おしっこ、おしっこ、ああ、おしっこ」
山田 (不明)
奥崎「だいたい、あの、自覚されるんですか、おしっこは、ご自分で」
山田「漏れてきて、それがまた、出せないんだよ、なかなか」
奥崎「ご自分でできないんですか」
足の傷を見る山田。
山田「足、傷めたかもしんねえよ」
山田の妻「したかったら、いつでも言って行きなよ」
奥崎「それは私、傷害罪でもなんでも、責任もちますからですね。えっ、えっ」
奥崎の妻「今日、日曜日」
奥崎「ああ、日曜でも、救急、救急、救急、救急車いうのはきてくれる」
(混声)
奥崎「救、救急車呼びましょうか」
救急車を呼ぶ電話をかける奥崎。
奥崎「あのぅ、ちょっと、あの、患者さんを、ものの、感情のもつれで、私が足を蹴っ飛ばしましてね」
山田を抱きかかえようとする奥崎。
山田「イタッ、タッタタ」
奥崎「痛いですか」
山田の妻「(不明) 痛がってるから」
(混声)

山田吉太郎の病状を報告する奥崎と妻

93　同・家の外
　かけつけた救急員に説明する奥崎。

救急員「どうしたんですか」

奥崎「ちょっと私がね、感情的になって、この靴で蹴飛ばしたわけです（不明）」

　タンカで運ばれる山田。

　山田の妻、奥崎も一緒に乗りこむ。

山田の息子「（オフで）着いたらね、母ちゃん、すぐ電話しなよ、家へ、俺、車で行くから」

　救急車、サイレンを鳴らして出て行く。

○病院の前で

94　深谷・日赤病院の前
　カメラの前に向かって話す奥崎と妻。

奥崎「ええ、山田さんのケガはね、別に、あの、赤くもなってませんし、むしろ、家内のケガの方がですね、ひどいんですけど、みた目はね。でも、あのう、レントゲンとってみなきゃわかりませんけど、みた目は家内の方がひどくって、家内がいつのまにか、山田さんを、傷つけ、かばうために」

奥崎の妻「（奥崎の体に手をまわし）私がこういうふうにしたんですからね」

奥崎「ですから、まあ、家内は、我ながら、その、私の女房ながら、あっぱれだと思います。もし、あの山田さんにね、あれだけ、ケガ、みた目ですけど、ケガさせとったら、やっぱり私はそれだけ心も痛みますし、責任も感じますから。今、その、山田さんの、えー、娘さんの、えー、ご主人さんがですね、暴力をふるっちゃいけない、っておっしゃったんですけども、その、暴力をふるって許される、いい結果がでる暴力だったら、私は、許される、と、だから私は、大いに今後生きてる限り、私の判断と責任によって、自分と、それから人類によい結果をもたらす暴力ならばね、大いに使うと、こう言って、山田吉太郎さんの娘さんのご主人に申し上げたわけです」

　じっと見守っている妻。

○島本イセコの死

95　フェリー

　デッキに立つ奥崎。

島本イセコの歌う〈岩壁の母〉（オフで流れる）

〽母はきました　今日もきた　この岩壁に　今日もきた　届かぬ願いと　知りながら　もしやもしやに　もしやもしやに　ひかされて

96　波
彼方に江田島。

97　島本家に入る奥崎

98　同・中
イセコの遺影に線香をあげる。
〽悲願十年　この祈り　仏さまだけ知っている
流れる雲より　風よりも　つらい運命《さだめ》の　つ
らい運命の　杖ひとつ

99　島本家の墓
イセコの墓前の奥崎。
線香に火をつける。
インサート・パスポートの表紙
墓前でパスポートを開く奥崎。
インサート・パスポート、イセコの写真
とたどたどしいローマ字のサイン

100　タイトル　昭和五十八年三月、奥崎謙三は
ニューギニア（インドネシア領）へ旅立っ
た。

101　タイトル　現地での行動を記録したフィル
ムは、インドネシア情報省によって没収さ
れた。

102　奥崎たちの訪問を受けた時の古清水の表情
のインサート

103
新聞記事見出し
「奥崎候補が短銃発砲」
「上官の息子、胸に重症」
奥崎謙三の顔写真
「撃たれ重症の村本和憲さん」
「発砲、逃走」
「元・上官の息子が重体」
「息子でもよかった」
古清水氏の写真
「奥崎謙三を全国手配」
「奥崎、神戸市内で逮捕」

○奥崎の妻シズミ、奥崎のメッセージを大竹市民に訴える

104
古清水家を訪ねるシズミ
シズミの声「(宣伝カーのスピーカーからの声)
現在、私の主人は、殺人未遂と殺人予備の被疑者として広島中央署の留置所におりますが、その主人から村本さんに是非伝えてもらいたい、ということをお伝えいたします」

105
奥崎家・店内
電話をかけるシズミ。
シズミの声「(同) 神と天罰と天賞があることを証明するために、村本さんを殺そうと決心し、その決心を私と、信頼している十数名の人にうち明けておりました」

106
古清水家をのぞきこむシズミ
新聞受けにたまってる新聞をみるシズミ。
シズミの声「(同) その主人が昨年の十二月十五日に村本さんを殺すことができず、村本さんの長男、和憲氏を拳銃で撃つことになり、和憲氏が死なずにすんだことは、常日頃信頼している神のおぼしめしであると思い、主人は大竹署、中央署の留置所の中で神に対して感謝の涙を三回流した、と言っておりました」

107　宣伝カーに乗ってるシズミ
　大竹市を走る宣伝カー。
シズミの声「(同) 主人は村本さんに対して今後は銃殺事件の真相をありのままに法廷で証言してくださることが多くの犠牲者に対する、本当の供養であり、あの忌まわしい戦争を二度と再び発生させないために役立つことになり、償うことになると言っております」

○広島拘置所へ面会

108　建物の文字「広島拘置所」
109　広島拘置所を訪れるシズミ
　窓口で面会申込書を出すシズミ。
　入るシズミ。
110　広島拘置所・正面全景
　出てきて（カメラに）話すシズミ。
奥崎の妻「ものすごく元気でね」
監督「元気ですか」
奥崎の妻「はい元気で」
監督「そうですか、寒さは大丈夫ですか」
奥崎の妻「ええ、寒さはね、中は、あったかいそうです」
監督「そうですか、食事の方も」

奥崎の妻「食事は、もう、ものすごくね、うち、うちよりよろしいんだって、なにもかもね、あのう、神のおぼしめしでね、まあ、あんだけのこと、できただけでね、もう満ち足りてますって」

微笑むシズミのストップモーション。

スーパー・昭和六十一年九月十八日　奥崎シズミ死亡（68才）

111

タイトル　昭和六十二年一月二十八日、奥崎謙三は殺人未遂などで懲役十二年の実刑判決を受ける。

企画　今村昌平
製作　小林佐智子
撮影　原一男
録音　栗林豊彦
編集・構成　鍋島惇
演出助手　安岡卓治
　大宮浩一
撮影助手　高村俊昭
　平沢智
演出協力　徳永靖子
　三好雄之進
選曲　山川繁
効果　伊藤進一
ネガ編集　神谷編集室
タイトル　日映美術
　8-8光映
　にっかつスタジオセンター
　IMAGICA

製作協力　今村プロダクション
残像舎
秋野喜一　秋野嘉朗　新井和子
飯野久　伊藤三恵　伊藤保之　伊
藤世津子　小川孝雄　太田垣敏和
富永五郎　中川卯平　禰屋順一
早津博美　山田雅男　吉本澄江

監督　原一男

＊この採録シナリオ『ゆきゆきて、神軍』のなかに、現代では適当を欠く差別的表現が散見されますが、この問題作の全貌を正確に記録することが本書の狙いですので、あえて割愛、修正することは避けました。読者諸氏のご理解をいただければ幸いです。

（編集部）

対談◉なぜ戦争にこだわり続けるのか

井出孫六・原一男

〈対談者プロフィール〉

井出孫六（いで・まごろく）

1931年、長野県生まれ。55年、東京大学仏文科卒業。中学、高校の英語教師を経て、58年中央公論社に入社。69年に退社して文筆業に専念。『秩父困民党群像』『峠の廃道』『抵抗の新聞人桐生悠々』『歴史紀行　島へ』ほか著書多数。74年、『アトラス伝説』で直木賞受賞、86年、信州からの満蒙開拓団を中心に中国残留孤児の歴史と現在を扱った『はてしなき旅』で大佛次郎賞を受賞。

それぞれの出会い

井出　一九六九年の一月二日、皇居の一般参賀が再開されました。皇居の改造が完成して初めての参賀でした。

参賀の群衆の中から一人の男がパチンコ玉を天皇に向けて発射して、すぐに皇宮警察に取り押さえられたというニュースを夜のテレビで見ました。この事件は、マスコミの扱いは小さかったけれど、僕にとってものすごくショックでした。

しばらくして、僕が働いていた雑誌の編集部に裁判記録が届けられた。それは、奥崎謙三さん自身が書いた冒頭陳述書だったのです。四〇〇字詰めの原稿用紙に換算すると四〜五〇〇枚はあろうか、という長文のものでした。戦時中ニューギニアの独立工兵連隊に従軍したこと。約一〇〇〇名のうち生還したのはわずか三十六名だったという戦争体験。そして戦後、靖国神社で慰霊をするというようなことの空しさというか、空々しさを感じたこと。そこで、どうしても自分のスタイルで戦友の慰霊をしたいと、あれこれ考えた末に、天皇に向けてパチンコ玉を撃つのがいちばんふさわしかろうと決意をかため、皇居へ出かけた、と、経緯が書いてありました。

小学校の教育を受けただけという、いわば典型的な一般兵士が、そういうことをした。知識を蓄えていた人たちが戦争をどう見たかは、戦後、小説や記録として、いろいろ出ましたが、一般庶民の中から参加した兵士が独特な目で戦争をとらえ返しているということに、僕は、大きな衝撃を受けたのです。

この陳述書は広く読まれていいものだと思い、若干の解説をつけて、三一書房から『ヤマザキ、天皇を撃て!』という題で出版させていただいた。これが、奥崎さんとのおつきあいの始まりでした。

原　僕の場合は、今村昌平監督のところに遊びに行った時、「こういうのをやってみる気はないか」と、奥崎さんの自費出版の『田中角栄を殺すために』を渡されたのが、そもそもの始まりです。ところが、その本を読んでも、何が言いたいのかほとんどわからなかった。くどいし、繰り返しは多いし一方的だし。でも、不思議と、とにかく会いに行ってみよう、という気になりました。そこでプロデューサーの小林と──僕のかみさんでもありますが──神戸まで会いに行きました。

その出会いが、すごく強烈でした。いきなり奥崎さんが喋り始めまして、一気に七時間。僕らは、「はぁ」「ほぉ」「へぇ」……。つばきをとばしあげて話す、その勢いに圧倒されてしまいました。同時に奥崎さんの笑顔に惹きつけられました。映画が始まってからは相当にいためつけられることになるんですが、その時の笑顔は、すごく良かった。それでもう、帰りの新幹線の中で、映画を作ろうと、二人とも心に決めていました。

その後、資料を集めていて、事件直後の奥崎さんの写真を見ましたが、手錠につながれて連行される時、やはり笑顔なんです。「ふてぶてしい」というようなキャプションがついていましたが、僕には、何か一つ、事をなしとげたという爽やかな笑顔に見えました。

井出　結局、出会いから完成まで……。

原　五年かかりました。

井出　二時間二分の映画ですけれど、ずいぶん切り落としたんでしょうね。

原　ええ、十四～十五倍フィルムは回っています。

「ゆきゆきて、神軍」

井出　最初モーニングを着て奥崎さんが登場しますね。

原　結婚式の場面ですね。

井出　兵庫の山の中に住む、奥崎さんの理解者というかファンというか、全共闘の世代の青年が結婚する。自宅での結婚式へ、「田中角栄を殺せ」というような看板を掲げたトラックに乗って奥崎さんがやってくる。奥さんと二人で、仲人をする。本人を知っている観客としては、吹き出してしまう。

そういうコミカルな出だしなんですが、その後、画面は、四〇年、日本人が忘れ果て、あるいは忘れようとした戦争を追いかけて、深刻な展開を見せる。

一つは、二人の日本兵士が敗戦の数週間後にジャングルの中で殺されたのが、実は中隊長と下士官数名に「処刑」されたのだという事件、もう一つは、ある一人の下士官が殺されて同僚に食われたという事件。この二件について奥崎さんが全国を駆け巡り追及していく。いろいろなアクシデントが重なりながら、一人一人が問い詰められていく過程が、実に冷静に映し出されている。

ある場面では、奥崎さんと相手とが、取っ組み合いの喧嘩になる。首を絞めたり絞められたり。それをもカメラは写してしまう。問い詰められる側は何ともぐあいが悪くなって、だんだん告白していく。こうしてそれぞれの事件の事実が明らかになってくる。二人の兵士は、敵前逃亡という名の下に、中隊長の命令で、五人の下士官に銃殺という形で処刑された――五丁の銃の中に混じっていた一丁の空砲をめぐって、かつての下士官たちが皆、自分の与えられた銃が空砲だったとコメントする場面もあります――ことが証言される。

一方、食われたのではないかという疑いをもたれていた軍曹も、たしかにそういう形で死んでいったのだと、同僚の軍曹が告白するのですが、奥崎さんの追及の仕方は鬼気迫るものです。入院していた病院にも見はなされ、明日もわからないような彼を、しめ上げるようにして迫る。奥崎さんの奥さんが、二人の取っ組み合いの中に割って入って足を蹴られて、ものすごくふくれあがるというシーンもあったりする。

また、忘れられないシーンのひとつに、戦死した兵士の墓に、いまは山の中の集落で一人ポツンと生きている母親と一緒にお参りする場面があります。鬼をも泣かしめるような奥崎さんが、墓前で涙を滂沱として流すのですから。

奥崎ペースにふりまわされて

原　映画をつくろうと決めて、もう一度奥崎さんのところへ行きました。すると、「ニューギニアへもう一度行きたいんです」と言う。かつて奥崎さんが、井出さんと一緒に行った時より、さらに奥へ行きたい、ということでした。奥崎さんの所属した部隊がどんどん、転進——逃げ惑って行く。その本隊が散り散りになり始める、アルソーという部落と奥崎さんが捕虜になった部落に絶対行きたい、というのです。

現地立入許可を求めるために、インドネシア大統領に直訴の手紙を書く、と奥崎さんが言う。じゃ、その手紙をカメラに向かって読み上げてください、と。それがクランクインでした。

とにかく奥崎さんと一緒にニューギニアに行こうと、いろいろ調べてみますと、どちらの部落にもほとんど行くことができないと言われました。その地域は独立解放闘争が戦われているところで、絶対許可がおりっこないという話でした。それで、そのことを奥崎さんに報告したんですが、ぜんぜん意に介さない。「インドネシアの統治下にある西ニューギニアに直接入ることができないのなら、東ニューギニアから国境を越えて入りましょう」と、いとも簡単に言う。「白旗か何か立てて私は越えていきます」

と（笑）。「解放戦線のゲリラに出くわしたら、*そんな戦争なんかやめろと言ってやりますから」（笑）。もう、こちらは唖然とするだけです。それでも「奥崎さん一人では行かせることはできません。僕も当然行きますよ」なんて、その頃は僕もまだ元気がよかったですから、そう言いました。奥崎さんも「原さんも、なかなかの決意をなさっているんですね。見上げたものです」なんて、調子がよかったんです、最初は（笑）。ところが、その後だんだんと奥崎さんの独特の「激しさ」とも何とも言いがたいものにふりまわされ始めました。

普通の映画ですと、僕らが「こういう場面を撮りたい」と要求を出していくんですけれども、奥崎さんの場合は完全に逆です。始めたとたんに奥崎さんのほうから、あの場面を撮ってくれ、この場面を撮ってくれと、すさまじい勢いで注文がつけられる。それを全部撮っていたら、お金はかかるし、そもそもやることの一つ一つみな、ヤバい。刑事事件になりそうなことばかり。「ちょっと待ってくれ」と言わないわけにいかない。それも最初のうちは待ってくれていたんですけれども、だんだん制止できなくなりました。「自分はそれがいまやりたいんだ。どうして原さんは待てと言うのか」と怒る。お金を集めたり、撮影の手配をしたりという、僕らのテンポとのずれが大きくなって、奥崎さんの気持ちがどんどん離れていく。

つまり奥崎さんは、何かをやりたがっていたんです。とにかく何でもいい。

実際、いろんなことをしてきた人です。天皇にパチンコを撃って、その後グアムへ行ってビラをまくは、『田中角栄を殺すために』という本を出すは。

井出 それから参議院にも立候補したりしてますね。

原 いろいろなことをやり尽くして、しかし次に何をやっていいかわからない時に、おそらく僕らと出会ったと思うんです。それで、奥崎さんの言葉で言えば「映画を利用して」、何かをやろうというわけでしょう。

奥崎さんは、最初は処刑事件に対しては、あんまり関心がなかったんです。

相手に会っても、事実を追及するというのは二の次という感じでした。むしろ、自分の生き方と相手の生き方を対比させ、「自分はこういうふうに生きてきたんだ、おまえはどうなんだ」という、モラルを——悪く言えば——誇示する、それをかっこよくカメラで撮ってくれ、と。最初はそういう雰囲気でした。

それでも、とにかく処刑事件のスタートを切りました。けれども初めは、奥崎さんがインタビューすると、相手がノラリクラリと逃げる。しかも、奥崎さんも相手を問い詰めるというのではなくて、むしろ、逃げる言葉を与えてしまう。それで、困ったなと思っていたんです。

二人目の相手が、奥崎さんのことを知らなかったんでしょうね——知っていれば、おそらく相手は丁

＊一九六九年にニューギニア島の西半分、イリアンジャヤが西イリアン州として正式にインドネシアに併合される。その後は強制的な同化政策が展開され、過酷な住民弾圧に抗して、自由パプア運動（ＯＰＭ）を拠点としたゲリラ闘争が続いていた。

重に対応したと思います——態度が悪くて喧嘩になり、それで殴りかかっていった。そのあたりから奥崎さんは、事件の裏に何かがあると感じ始めたんですね。

井出　奥崎さんは事件の真相を知らなかったんですか。

原　ええ、すべてを知らせてしまうと映画はつまらなくなってしまうものですから、僕たちが調べたことも、ほとんど話しませんでした。奥崎さんにも、そのことは、映画のテクニックだから、とわかってもらっていました。

それが、いったん何かがあると感じたとたん、すさまじい勢いで、自分で調べ始めた。僕に「教えろ」とは一言も言わない。電話をかけまくったんです。一ヵ月、最高で四十万円の電話代です。

異様なまでの眼光

原　撮影も半ば頃になると、奥崎さんはどんどんエスカレートしていきました。とにかく奥崎さんと話をしている時に、奥崎さんの目から目をそらすと、「僕の言うことをきいていない」と怒る。五時間も六時間もです。夕方から話し始めて明け方の三時、四時という時にも、じっと相手の目を見ていないといけないわけですから、これはかなり苦痛です。それが、話すにつれて、目がランランと輝いてくる。よく特殊効果で、目が青い光線を発するというのがあるでしょう。ああいう感じなんです、ほんとに。

それで、かなしばりにあうという感じです。

それと、だいたい電話をかけてくるのが早朝の六時、そして二時間、三時間。最初の頃は僕が出ていたんですが、しょっちゅう奥崎さんと喧嘩するものだから、小林がほとんど電話の応対をしていました。ある時、小林が一時間ぐらい話をきいて、何かの仕事に追われていたので、「奥崎さん、大変申しわけないんですが、これから私は用事があるので、ちょっと……」と、奥崎さんの話のこしを折ろうとした。そうしたら、すさまじい勢いで、これまた怒る。いま私の話している話がいちばん大切なことだ、それ以上に何が大事なことがあるか、というわけです。それでまた延々一時間。

これは、そばで聞いていてもたまりませんよ。けれども、その電話が終わった直後、奥崎さんはニューギニアのジャングルから電話をかけてきているんじゃないか、と小林が言いました。「そう思うと腹もたたないし、そう思わないとつきあいきれない」と言うんです。撮影中も「俺はいま戦争をやっているんだぞ」と、何回も言っていましたね。

井出　奥崎さんの『田中角栄を殺すために』とか『宇宙人の聖書』を読むと、濃厚に「奥崎教」の世界がありますが、映画の中では、それは整理されて、九割九分ぐらいはカットされている感じですね。そこは相当苦しんだでしょう。

原　そうですね。奥崎さんと、はじめ三分の一くらいは平和な関係が続いたんですけれども、あとの三分の二は本当に凄惨な関係でした。つまり奥崎さんは、「原さんたちにとって映画は目的かもしれないが、私にとって映画は手段だ。映画を利用して、自分の正しさを記録してもらいたい」と言うんですね。「私は映画屋さんなんて認めない。私は人間屋、人間について誰よりも深く考えている。そのほうがはるかに大切なことなんである」と。

僕は、「とにかく一本の映画を成立させるために、こういうことが必要なんです」と言うんだけれども、まるで通用しない。「映画のため」というふうな言われ方を、あの人はとても嫌がるんですね。それでいて、奥崎さんにとって絶対正しい、自分の信じるもののためには、僕らの要求を全部はねつけるわけです。つまり奥崎さんにとって、自分の言うことが唯一絶対であって、ほかは何も認められないわけです。

井出　奥崎さんの情熱の激しさということは、『ヤマザキ、天皇を撃て！』という本ができた時にも感じました。ふつう初めて本を出すと、これでもう終わったみたいな感じになるものですが、「これから、それじゃ、どうやって売りましょうか」と（笑）。『ヤマザキ、天皇を撃て！』というパネルをはったトラックで全国を売って歩く、「皆さんもご一緒に乗ってください」と、そこからスタートしようと言うんです（笑）。

そこで、本というものは取次を通じて各小売店に行く、いったん活字になると社会的な生命みたいなものができて自然に流れるものだというようなことを話したけれども、ちっとも通用しない。「本は、自分で書いたら、自分で持っていって読んでもらうのが本当じゃないでしょうか」と。本はあくまでも自分の訴えたいことを直接読者に伝える手段だ、というかたい信念をもっていましたね。

原　映画作りが始まったばかりの頃、僕らがお金をもっていないのを奥崎さんも知っていて、自分もお金を集めます、と言ってくれた。自分でチラシをつくる。いままでに撮影したフィルムを少しくださいと言うので、あげましたら、それに「ヒューマンドキュメンタリー製作についてのお願い」という――僕は「ヒューマン」という言葉が大嫌いなんですが――見出しをつけて、「自分の映画をいまつくっていただいております。製作費がありません。いくらでもいいからカンパしてください」と、書いて、自分の本とあわせて自ら荷造りをして発送する。本はただなんです。本をさしあげるかわりにカンパをしてくれ、ということですよ。

　そういう、いざ自分の映画をつくるとなれば、必死になってお金を集めるという情熱には感心させられました。

日本人にとって戦争体験とは

井出　戦後、昭和二十二、三年頃と思うんですけれども、続々日本軍兵士が海外から復員をして帰ってきますね。それで、汽車に乗ると必ず、「あなたはどちらで?」という挨拶なんです。ぼくはよくそういうのに乗りあわせたことがあるのですが、「私は中支で」とか「私はインパールで」となる。それだけで話に花が咲きました。列車中が戦争体験の話です。全国でそういう語り合いが行われた。それが、ある時、スーッとなくなっていくみたいな時期があった。そこで、ある種の昇華がすんでしまって、みんな戦争を終わりにしたというようなことがあったと思います。それからは、毎年毎年忘年会で、軍歌を歌い、同僚を弔いと、戦争そのものは意識の中から消し去られていく。言ってみれば、このような型が、戦争体験と日本人との一般的な関係だったように思います。

それが奥崎さんの場合には違っていて、ずっと残ってきたと思うんだけれども、日本人の忘れっぽさと、奥崎さんがずっと持ち続けてきている戦争に対する怨念に近いような気持ちをどういうふうに感じましたか。

原　もと兵士の人たちに処刑事件のことで取材していくと、わりと話してくれるんですよ。でも、いくら追及しても、結局関係者の話はみんな食い違う。たしかに個々の兵士たちが口をつぐんで、何か隠している、嘘をついているという部分はあるにしても、何で食い違うのか、本当はよくわからない。しかし、奥崎さんの怨念とは別の、あそこで死んでいった多くの人たちの無念さみたいなものとして、ニューギニアでの出来事が、一つの事件が、戦後四十年たったいま、知られたがっているんだな、と、僕はそう思うんです。

井出　知られたがっているというのは何ですか。体験した人、あるいは遺族とか、そういう人たちの中にあるモヤモヤしたものなのか、それとももっと、奥崎さんの電話で小林さんが「奥崎さんがニューギニアにいる」ということを感じたようなものとして、ニューギニアから発信されている感じも含めてなんですか。

原　うまく言えませんが、両方だと思います。さっきの戦友のお母さんですが、僕は撮影の前に、彼女がどこに住んでいるか戸籍謄本を調べて一人で会いに行っているんです。その時に、よく来たといって本当に喜んでくれた。それで「あなたが来る前の日に私は息子の夢をみた」と言う。しかもそういうことを言うのは、その人だけじゃないんですね。

井出　ニューギニアというところは第二次大戦の中でも最も酷薄な戦場だったところで、僕が奥崎さんと一緒に行った時には十人ほどの慰霊団で行きました。その時は何々大隊とか、いろいろな代表が集まっていますから、日の丸にそれぞれ名前を書いたりして、慰霊祭をジャングルの中でやるんです。現地の人たちが見ているところで日の丸の旗を掲げてやる神経は日本人独特なものだと思って、嫌な感じもするわけだけれども、しかしそういう気持ちもあるだろうと思って、僕は現地の人と中間ぐらいのところに立って慰霊祭に立ち会ったんだけれども、奥崎さんは一切その慰霊祭には参加しない。「俺は別だ」と言って、いなくなっちゃうんです。

そういう中でとにかく慰霊祭をやって、その晩、西イリアンの首都、ジャヤプラという小さい町に泊まりました。その夜みんな異常な興奮状態に陥っているんです。ある面では、いままでしょってきたものを下ろしたという安堵感もあるでしょうけれども、それだけではないものを抱えているんでしょうね。

唯一僕だけが関係者でないものですから、みんな部屋へ来てくれという。それぞれ個別訪問をすると、みんな飲んだくれている。それで、だんだん話しているうちに、実は俺は人肉を食ったとかいう凄惨な話になっていくんです。ニューギニア戦線というのは、怨霊みたいなものがいっぱいあるところだろうと思いますね。

それを背景に置くと、奥崎さんの言動も、あの奥崎教みたいなものと関連させてみて、何となくわかってくるような感じもしますね。

原　奥崎さんは自分が捕虜になったデムタという部落にどうしても行きたいというんです。いろいろすったもんだするんですが、結局そこへ行けた。ところが後になってわかったのですが、実はそこは奥崎さんが捕虜になった部落じゃなかったんです。一つ隣の部落だった。それで、いま奥崎さんは拘置所に入っていますけれども、もう一回その捕虜になった部落に行きたいと言うんですよ。しかし、あの人が出てくるのは十二年先ですから、もう八十近いでしょう。そうまでして、自分がかつて踏んだニューギニアの地に立ちたいという思いというのは、一体何でしょう。

井出　僕もわかりませんが、匍匐前進しながら、そういう悲惨な姿でアルソーという部落から、あの部落へ行って、そこで現地の人に取り押さえられるわけですね。それで米軍に引き渡されるのだけれども、捕虜になる直前に、山の上から夕日を見ていて、「ああ、ここまで辿りついたらあとは海だけだ」という感じがあったという。「俺はこの海を越えて帰りたいなあ」というのが最後の願いだったというんです。あそこに母の国があるな、と。おそらく、死んでいった無数の人たちが同じように思っていたんだろうと思うんです。

そんな一九四四〜四五年の原風景があって、それをみんなが共有していて、帰れなかったという無数の人たちに引きずられているものがどうしてもあるような気がしますね。そこをもう一度再体験したい。そうすると死んでいった無数の霊と一緒になれるという思いが、彼のニューギニアに行きたいという心理の深奥の一面ではないかと思った。

原　私たちは戦争を知りませんから全くわかりませんが、何であんなに戦争の現場にひかれるんでしょうね。

語り部から何を受けとるか

井出　今度の原さんの映画を見ていて思うんですけれども、みんな問い詰められて喋りますね。あれは一種の宗教体験みたいなものとして理解できるような気がする。キリスト教で言う告解かなと、そんなふうに僕は読み取ったんです。

ヨーロッパの場合ですと、カトリックならカトリックが、それはいろいろな戦乱とは関係なしに、一つの精神世界としてずっとあった。それが、いまでも機能していて、教会にはかならず告解室があって、カトリックで言えば神父さんがいて、そこへ行って「私はこういう悩みをもっています」ということを、密室の中でいう。その時、神父さんは神の代行者として悩み事を聞くわけですから、これは絶対なのです。その、絶対の中に立つ場というものが与えられている精神世界がある。

ところがこの国には、残念ながら、そういう自分の持っている誰にも言えない悩みを表白する場がない。彼らは四十年間、ずっと抱えてきたと思うんです。それが今回否応なしに映像化されるということで、逆に機会を与えられたのかもしれません。

日本的宗教世界というのは汎神論で、いろいろなものに神があるけれども、いろいろな神は、かつての現人神体験までふくめて、何か信用できないんでしょうね。誰にも自らの心の深奥の部分を開く気にさせないところがある。だからそれが一つ流れ出ると、やむをえない形で靖国神社なんかにいっちゃうわけです。

原　小さな流れが一つずつ流れ出て、それが奥崎さんへ行き、僕のところへ流れてきて映画へ……となったんでしょうか。そこまで四十年かかった。

井出　そうでしょうね。それから、ドイツの場合はもう一つ特殊なケースです。いまでもナチス裁判が続いていますが、西独の人たちはそれを戦後ずっとやっている。それは、一つにはドイツの地政学みたいなものがあると思うんです。四十年前に、ともかくものすごい人間にあらざる行為をナチズムはやったわけです。そして、それを西独は西独として背負ってきていて、周辺のフランスとかオランダなどは、ドイツがまた何かやるんじゃないかという感じで見ている。

そうすると、主体的に第二次大戦の残虐さをどう克服していくかということがあると同時に、客観的にもそれを明らかにしていかないと西ドイツは成立しないような地政学の中におかれている。

ところがこの島国は、幸か不幸か、国境がない。そして、あれだけの被害を受けた朝鮮半島にしても中国大陸にしても、これまではなぜかおおらかでした。東南アジアでも、なぜかゆるされている（ほんとうはそうじゃないはずなんでしょうが）。そうすると、おのずから戦後二年くらいの間に戦争体験を表面的にダーッとぶちまけた後は忘れてしまっていられる、みたいな政治風土になっている。にもかかわらず誰かに告解しなければおさまらないみたいな、そういう二重構造に日本人の精神状態があったような気がするんです。ですから、戦争というものをきちっとその段階、段階で清算していくということが、なかなかできにくいような状況にあると思います。

――戦争体験者というのは、これからどんどんいなくなっていくわけですね。そうすると、まったく戦争を知らない世代だけの時代になった時、一体「戦争」というのはどのように語られ、継承されていくのでしょうか。

井出　自然科学における「実験」に代るものとして、社会科学では「歴史」があげられますよね。それにつけても思い出されるのは、一昨年、敗戦四十周年にあたって西独のヴァイツゼッカー大統領の言ったことばです。「問題は過去を克服することではない。さようなことはできるわけがない。後になって過去を変えたり、起こらなかったことにするわけにはいかない。しかし過去に目を閉ざすものは現在にも盲目となってしまう」

今度の映画でも、僕は奥崎さんという原体験を持つ行動者がいて、戦争の体験をもたぬ世代の原さんが語り部として作品ができ上ったことでみんなを勇気づけたということがあるような気もしています。

原　あの映画は、世代によって、ずいぶんとらえ方が違うんですね。戦争に行った人は行った人なりの受け止め方です。これはすぐわかります。僕らと同じ年代の連中のとらえ方というのは、やはり僕らの世代の特有のとらえ方をする。体をはって国家権力にあそこまで闘っている（笑）、という。これはこれでわかるんです。

ところが若い人たちがいちばん僕はわからない。僕なんかだと奥崎さんの暴力に対して、暴力はよくないという一つのモラルがありますけど、若い人たちは奥崎さんのやっていることをパフォーマンスとしてとらえるんです。それで、とにかく人の肉を食った戦争ということにまずショックを受けて、次に奥崎さんのやっていることはもっともだということでスーッと入っていく人が結構多い。これにはちょっと、僕もびっくりしましたね。

戦争の傷をもちながら

井出　僕らは戦後民主主義にどっぷりつかってきたわけだけれども、その中にたとえば言論の自由というものがある。しかしたとえば奥崎さんからみればこれは念仏にすぎない。それから、戦争放棄なんかも同じですね。両方とも実態的にずれている。それを若者はストレートに感じているんだろうと思うんです。

奥崎さんの場合、敗戦後十年ほどは、平凡な庶民として生きていた時期がある。ひょんなことから殺人罪を犯して十年の独房生活を送るなかで、これまでの生き方と戦争体験を省みるところから、彼の本当の戦後が始まったといっていい。そうすると、彼自身の中では戦後民主主義なんて……という感じがたしかにあると思いますよ。

彼が一度も選挙に投票していないというのは、象徴的ですね。自分は立候補しても、投票権は一回も行使していない。

日本は戦争をあれだけやったにもかかわらず、それを極東裁判でしめくくってしまったんですね。しかし、あれはしめくくってもらったんです。その欠落部分はずっとあるという気がする。つまり、必然性とか切実感とかが、この四十年間の民主主義の中に欠落していたという気がどうしてもする。若者は無意識のうちにそれを敏感に感じとっているのかもしれないですね。

だから逆に、僕は「せいぜい四十年だ」と考えているんです。これが一〇〇年積み重ねられた時に初めて民主主義なら民主主義が実体化していくわけで、そのためにはたえず緊張感を要するプロセスとして理解していかなければいけないと思う。そういう緊張感をもちつづけていく以外にないと思っているんです。

原　結局今回僕らが映画をつくっていく過程というのは奥崎さんにとってはターゲットを見つけて、実際に犯罪をやってしまう旅であったわけですね。つまり、奥崎謙三はまさに自己解放のために犯罪を犯してしまったといっていい。そうすると、僕たちは五年間一体何をやってきたんだろう、と気持ちが落ち込んでしまうことがあるんです。

井出　敗戦直後一過性の症状のように流行して消えた戦争譚に象徴されるような健忘社会からみると、奥崎さんの生き方はモノマニアックなところがあると映る。けれども、こと戦争の傷というか、その歴史をどう対象化していくかという一点に絞ってみれば、むしろモノマニアックであることは正常であるみたいなところがあるんです。その傷をもちながら、それを忘れていく社会状況、拡散していく風土の中で、逆に奥崎謙三のあのモノマニアのほうがかえって明晰だという感じがする。世の中の出来事は何かものすごくわかりにくくなっているけれども、あの人のところだけがはっきり浮かび上がるんですね。こんどの原さんの作品はそこのところをあますところなく映しだしたといえます。

〔『世界』（岩波書店）一九八七年九月号より転載〕

神戸の女神・奥崎謙三の妻シズミ

小林佐智子

「シニカケテイルツマニケツコンシ／キノバメンノフイルムヲミセテヨ／ロコバセテヤツテクダサイフクシ／テオネガイイタシマス……デキマ／シタラツマノアワレナスガタヲサ／ツエイシテヤツテクダサイ……／ビヨウインノミナサンニモミセテ／アゲテクダサイツマワホコリニオ／モイビヨウキトタタカウユウキガ／ワイテキマスキセキガオコリマス」（八六年九月十一日付けの奥崎さんの手紙）

八五年の夏から編集にとりかかったフィルムは、四時間余りの荒編になりつつあった。神戸の奥崎さんの奥さん・シズミさんから電話があるたびに、「今、編集していますから、もう少し待っていて下さいね」と言い続けて一年半が経っていた。

〝シニカケテイルツマニ〟という文字が恐ろしい勢いで目にとびこんできた。シズミさんが肝硬変で通院し、近く手術を受けるということは聞いていたが、まさかこれ程まで重病とは知らなかったのである。はやる気持ちを抑えて、病院にダイヤルを回した。待っていて下さい、シズミさん、もう少し、今度こそ、本当にもう少しなんです。呼び出し音が鳴っている間、祈りとも呪文ともつかぬことばを胸のうちで繰り返した。電話口でシズミさんの病状の説明をする院長の口調は、思ったより明るく、九月三日に入院したシズミさんは、急性腎不全と尿不全の併発で輸血が必要であったが、八日の手術の結果は良好で、この分だとあと一ヵ月もすれば退院できるであろうとのことだった。思わずホーッと深く一息ついた。よかった!! 月末には何とか時間を作って、シズミさんに会いに行こう。そう心に決めると、やっと気持ちが落ち着いた。

「拝啓、電報を打とうとしましたが、領置金がなくなりましたために、打てませんので、速達にて御無理をおねがい申し上げます」

電報文に続いて、奥崎さんの手紙には知人に宛て金策の依頼が書かれてあった。

「(領置金も切手もないので) 妻宛てに速達を出すこともできなくなりかけております。……妻が生きているあいだに、書けるだけ書いて速達便で送りつづけたいのであります」

奥崎さんは私たちが無一文なのを知っていて、決して金銭的な迷惑がかからないようにいつも細心の注意を払ってくれていた。だからこの手紙の切迫感はただごとではなかったのである。フィルムよりも、まず金策をしなければ——。その時の私は、シズミさんの病状の回復をゆめにも疑ってはいなかった。

しかし、奥崎さんの訴えに応えるすべもないまま、それから六日後、今度は本モノの電報が届いたのである。

『ツマシズミシニマシタセイゼンノゴコウギヲアツクカンシャイタシマスオクザキケンゾウ』

あっと息をのんだ。信じられないという気持ちで一杯だった。

原と私が初めて奥崎さんの家を訪ねた日、シズミさんは店の前に出て、私たちを待っていてくれた。通りにたたずむシズミさんの笑顔を見た時、ポッと体が暖かくなったことを覚えている。あるがままの自然なやさしさともいうべきものがシズミさんには溢れていたように思える。その後、シズミさんと様々な事態を共有することになるのだが、どんな時でもこの印象が覆されるということはなかった。

広島拘置所に入ってからの奥崎さんは、ほとんど毎日のようにシズミさんに宛て手紙を書いていた。その一通一通の文面の最後につけられたキャッチフレーズが何ともユニークで決まっていた。たとえば、「二月二十一日、非国民の人間の走り草分けであります、負けても神軍の平等兵の謙三より／前科四犯の夫を誇りに思っている　シズミ様へ」「三月三十一日、人生劇の大根役者である謙三より／人生劇の裏方衆である　シズミ様へ」「四月二十五日、時が味方となる神の側近者であります謙三より／本当のメシアの妻であります　シズミ様へ」「五月十四日、神軍手下・手先の謙三より／欺されやすい　シズミ様へ」「六月十六日、本当のメシアである謙三より／本当のメシアの妻である　シズミ様へ」「六月十八日、真理のメッセンジャーボーイの謙三より／真理のメッセンジャーガールの　シズミ様へ」「六月二十三日　天の従臣である謙三より／天の従臣の候補者の　シズミ様へ」

中でも抜群だったのは「誰よりも多く自分を愛する謙三より／神戸の女神・妻　シズミ様へ」というもので、シズミさんは、何を言いますのやろ、としきりに照れていた。

奥崎さんの手紙は、びっしりと書き込まれた便箋が二十枚、三十枚はざらで、百二十五枚とか二百六十枚とか三百二十枚とかがドサリと届く。シズミさんはそれを一枚一枚コピーにとり、関係者十数名に郵送するわけであるが、その労力は並み大抵なものではなかった。いつもバッテリーを浸す溶液で指の先が炎症を起こしていたシズミさんが、その指で何百枚というコピー用紙を綴じるのは、相当の苦業だったのである。奥崎さんはそんなシズミさんを叱咤激励し続けた。と同時に奥さんの体を何よりも気遣った。

「一にも健康、二にも健康、三にも健康の生き方をしてください。店も早くしめなさい。君が元気でさえあればそれでよろしい。金のために健康を害してはなりません。不健康で広島へきてくれることよりも、健康で神戸にいてくれる方が私は仕合わせです」

毎月一回広島地裁で公判が開かれていたのである。私もその帰路、シズミさんの所へ泊めてもらうことがあったが、そんな時は女同士の気やすさから、枕を並べて夜更けまで話が弾んだ。倉橋島で過した少女時代、仲の良かった兄弟たちのこと、奥崎さんとの出会い、無口でやさしかった奥崎さんの思い出、そして、現在に至るまでの数奇な事件の数々……。シズミさんはどんな時でも奥崎さんに対して非難がましい言葉を口にしたことはついに一度もなかった。むしろまっすぐに奥崎さんを信じようとしていたのである。うとうとと眠りかけた私の耳元で、淡々とつぶやくようにシズミさんは繰り返した。「いつかきっと、奥崎が言っているような世の中になると思いますよ。百年か、二百年後には、きっと奥崎の言っていたことが正しかったとわかる世界がくると思いますよ」

八五年の暮れ頃からシズミさんは体の不調を訴えることが多くなり、公判日に広島へ行くのもしんどくなってきていた。

「身体を冷やさないように、栄養不足にならないように、その他すべてに気をつけて下さい。十二月十六日の第十九回公判は絶対に来てはなりません。新年を自宅で迎えられるように頑張って下さい。長生きをしていましたら素晴らしいことが君と私の未来に多く起こります。そのために君と私は努力してきたのです。君の無事と幸福と安全を祈っております」

この手紙を受け取って以降、シズミさんが広島を訪れることはなかったのである。

シズミさんの葬儀の日、奥崎さんの参列許可願いは却下された。秋風の冷たい日だった。白菊に埋れて眠るように目を閉じたシズミさんの表情は驚くほど穏やかな安らぎにみちていた。〝神戸の女神・妻シズミ〟という奥崎さんの言葉が思い出されてならなかった。

シズミさんは、私たちの映画が出来上がることも、きっとまっすぐに信じていてくれたに違いない。あと三ヵ月、いや二ヵ月仕上がりが早ければシズミさんに見てもらえたかもしれない——。しかし、シズミさんの笑顔のストップモーションに〝奥崎シズミ死亡・68才〟のスーパーを打ちこむことが映画の仕上げの最後の作業となってしまった。

『ゆきゆきて、神軍』は、登場人物の各人がわずか数分間のシーンに、何十年間にわたる己が生涯の全てを集約させて、名演技を披露してくれたことで成立していると思わずにいられない。

一人一人の方々に、心より感謝と敬意の念を捧げさせて頂きたい気持ちでいっぱいである。

老テロリスト
――その哀しき性――

原一男

自分の書いた『ドキュメント　ゆきゆきて、神軍』が、三〇年ぶりに増補版を発行することになり、読み直して驚いた。映画『ゆきゆきて、神軍』の上映とセットで組まれるトークの場で、繰り返し私が話してきた内容が、相当に虚構化していたことがわかったからだ。つまり、記憶がかなり怪しくなっているのである。

その怪しくなっていた記憶を土台にして語りかけていたわけだ。観客に詫びなければならない。いや詫びても、もう遅い。二度三度と私のトークを聞きに来ることは、まず、ないだろう。一回こっきりの、私の虚構化されたトークを聞き、その内容のまま映画を理解したであろう観客に謝りようがない。ホントに申し訳ない。

そう謝りながら、こんなことを言うのは、居直ってるのか、開き直るのか、と誹《そし》りを受けそうだ。しかし、映画に関する正確な情報をお知りになりたい人は、やはり同書を読んでいただくしかないな、と思う。私も今後は、記憶を鮮明にするために、トークをする前には読み直してから臨むことにしよう。

今から書こうとしてるのは、奥崎謙三の〝性の物語〟である。この物語は、三〇年以上の時間が経ってしまって、怪しくなった私の記憶を元に再現するものだ。だから虚構化されたものになる可能性が大きいと思う。それでも私は、書き残しておきたい衝動を抑えることができない。

「映画『ゆきゆきて、神軍』を作らなかったら、奥崎さんは殺人未遂事件を起こさなかったでしょうね?」としばしば質問を受ける。「そのとおりだと思います」と私は答えてきた。その質問とまったく同じ質の問題が、ほかにもうひとつあった。私たちが映画を撮ろうとした過程で、奥崎謙三は「神軍平等兵」として生きようと選択した。そのときには、当然、長期の独居房生活を覚悟したであろう。そして、この覚悟とは、自身の性の欲求を封印することも意味していたはずだ。ところが、いったんは封印したであろう、その奥崎の性の欲望を、私(たち)が目覚めさせてしまったのだ。

事の起こりを懸命に思い出そうとする。思い当たることはふたつあり、どちらが先だったかがハッキリとしない。ま、どちらが先でも物語の中身には、あまり差がないだろう。ともかく、コトは奥崎さんと共にロケの目的地であるニューギニアに着いたところから始まる。

胸騒ぎのニューギニア

太平洋戦争末期の昭和一九年、ニューギニア戦地で奥崎謙三が捕虜となり、一命を取り留めた村に行きたい。だが、そこは撮影当時、民族解放戦線がゲリラ闘争を展開中であるという。ならば、撮影の許可などおりるはずもない。そんなヤバイところへ、どうすれば行けるのか。

私(たち)はインドネシアに入国する際には、友人に教えられたとおり、賄賂を使ってカメラを持ち込んでいた。ローカル線を乗り継いで着いたところは、ジャングルを切り開いて、街とも呼べないような、道路とて雨が降ればたちまちぬかるんで歩けなくなるような、真っ赤な色をした粘土質の道が一本延びているだけ。そこに外国人を泊めるためのホテルが一軒、ポツンと建っていた。

いやおうなく、そのホテルに投宿した奥崎さんと私と助監督の三人。さて、どうしたら奥崎さんが望むところに行けるのか。行くための秘策を奥崎さんが持っているのか。不安な日々が数日過ぎたころ、村はずれを当てもなく散策していた私たちに、ひとりの青年が声をかけてきた。その青年、肌が黒く現地の人であることは一目でわかった。ニコニコと笑顔で、妙な人懐っこさを全身であらわしていた。

たしか、彼は私たちに「日本人か?」と聞いてきたと思う。奥崎さんは警戒するでもなく、笑顔を返していた。彼が、おもしろいところに案内するから付いてこい、というそぶりをする。素直に付いていていこうとする奥崎さんを見て、私は〈大丈夫かな〉と懸念する。とはいえ、無防備にその青年に従う奥崎さんの後に、仕方なく付いていくしかなかった。

このへんは元々、ジャングルを切り開いてできた、にわかじたての町。さして人口は多くない。ものの数分も歩くと町のはずれにやって来た。坂道の上に私たちは立っている。目の前には下り斜面。見下ろすとバラック小屋が数軒立っているのが目に入った。青年は私たちに、付いてこい、とゼスチャーで示すと、スタスタと坂道を降りていった。

奥崎さん、私、そして助監督。一軒のバラックの前。玄関に戸なんてありはしない。薄い布地がカーテン代わりに風に揺れていた。青年はさっさと中に入っていく。奥崎さんも続く。中は暗かった。青年が止まって振り返り、奥崎さんを見て首をしゃくった。見てみろ、というふうに。

奥崎さんは、自分の手でその布地をめくった。奥崎さんのうしろから中を覗くかたちになった。〈あっ〉と思った。男女が営みの真っ最中だったのだ。その男女は、覗いている私たちに気付いた気配もなく、営みを続けていた。〈奥崎さんは……〉と表情をうかがう。彼は無表情だ。しばらく、じーっと見ていた。時間にしてどれくらいだろうか？　一分くらいは経ったであろうか。いや、もっと短かったかもしれない。奥崎さんが黙ったまま踵《きびす》を返した。

そのバラック小屋で覗き見たことを話題にすることは、その後、一切なかった。

どちらの出来事が先かはわからないが、いずれにしても数日中のある日。奥崎さんが私に「体が凝っているので、マッサージをやってもらおうと思いますのでね」と言う。〈じゃあ、旅の一コマとして撮っておくか〉と思った私は、奥崎さんに撮影の了解を求めた。なんの抵抗もなく、「いいですよ」の答えが返ってくる。

カメラを携えて奥崎さんの部屋に行くと、女性のマッサージ師はすでに奥崎さんの体を揉んでいた。その女性、やや太めの体つきで、シズミさんという奥崎さんの奥さんに〈似ているな〉とふと思った。撮影はスムーズに進んだ。四～五カットを回して、すぐ引き上げた。翌日、遅めの朝、レストランに降りていくと、奥崎さんがひとりで食事をしていた。「おはようございます」と声をかけ、同じテーブルに座った。ニコニコと機嫌がいいな……。それが引っかかっていた。

しばらくして、「黙っていようと思ったんですが、原さんにだけはお話しておこうと思いますのでね」と切り出した。一気に胸騒ぎ。「昨日、私、セックスしたんです」。「えっ！」。絶句。「原さんが悪いんですよ」と彼は続けた。が、声はあくまでも楽しそうだ。「あのマッサージの女性に『私とセックスしていただけませんか？』とお願いしたんです。もちろん、お金を払ってですよ。すぐ、オーケーしてくれたんですね。それは原さんが私を撮影したでしょ。だから私がエライ人だと思われたみたいでね。撮影するくらいだから、ですね」。

ハア、ハア、とうなずくのに精一杯だ。「これは神様のご褒美だと思うんですね」。声のトーンが次第に高くなってきた。やばい！「私はこれまで人類を幸せにする世の中を作るためにがんばってきましたからね」。返す言葉は、なかった。このときのことが、奥崎さんが晩年、〝性狂い〟する予兆だということに、私は全然気づいていなかった。

自分の子どもが欲しい!?

ニューギニアでのロケで撮ろうと思っていた目的のシーンは、内容の変更を余儀なくされたものの、奥崎さんの〝獅子奮迅〟の活躍でそれなりに撮れた、と思った。滞在期間も過ぎ、明日は帰国の途に着くという日、奥崎さんから「インドネシア軍のナンバーワンの人に、お世話になったお礼を言いたい。ついてはぜひ、その場面を撮っていただきたい」と頼まれた。

これまでこういう場面を撮ってほしいという奥崎さんの要求を、私はことごとく拒み続けてきた。だが、ここニューギニアで奥崎謙三はがんばったんだから、せめて最後くらい気持ちよく「いいですよ」と言ってあげよう。珍しく仏心を出したばっかりに、せっかく撮った撮影済みのフィルムを全部没収されることになった経緯は、本文に書いたとおりだ。ここでは繰り返さない。

フィルムを取り返したいならジャカルタに飛んで、日本大使館に頼むしかない。大使館の然るべき役職であろう人からそう言われ、ジャカルタに来てホテルに宿泊した。

一目して普段なら縁がない高価なホテルとわかった。なぜ貧乏プロダクションの私たちが、ジャカルタの超一流ホテルに泊まることになったのかは、今となっては分からない。翌朝、目覚めて一階のフロアに階段で降りていくと、目線の先に奥崎さんの姿が入ってきた。コンシェルジェの大きなデスクの、遠目から見てもメークのきっちりした若く綺麗な女性と向かい合って、笑顔で話しているではないか。〈何を話してるのかな〉と気になった。だが、〈じゃましても悪いかな〉と思いながら階段を戻っていった。

午後になり、日本大使館に出かけた。大使館の中に入り、受付を訪ねたところで、奥崎さんはいきなり大声で怒鳴り出した。「おい、お前ら。俺は昭和天皇にパチンコ玉を発射した奥崎謙三という者だ」。中から事務員ふうな男が飛び出してきた。「さっ、中にどうぞ」と案内した。奥崎さん、すこぶる機嫌よく笑いながら「原さん、これが私のやり方ですよ」と。まったくそのとおりだと思った。

正規の手続きを踏んでいたら、長い時間を待たされることになるだろう。そのことは私にも理解できたから、奥崎式挨拶の効果がてきめんであることには、素直に感心していた。責任者らしき男が丁重に対応してくれた。「先生のおっしゃることは、よく分かりました。ですが、すぐにというわけにはいきません。こういった件は、むしろ外務省にいかれて相談されたほうがいいと思いますよ」と言われた。受け入れるしかない、と納得し、引き上げてきた。その夜も高級ホテルに宿泊した。

翌朝、レストランでの食事の際、奥崎さんと向き合って座った。「黙っていようと思ったんですが、原さんにだけはお話しておこうと思いますのでね」と切り出した。「じつは私、昨夜、若い女性とセックスしたんですよ」。〈またかよ!〉と驚いたが、口には出せない。相手が誰とは言わなかったが、コンシェルジェの若い女性の姿が目に浮かんだ。

「私は老人ですからね。お金を払わないと相手にしてくれませんのでね。私は女性のあそこをですね、舐めてあげたんです。そしたら、女性は腰を少しずつ浮かせて、あとずさりしたんですね。実際のセックスはしなかったんですけどね」。こんなふうに、と奥崎さんは自分の腰を椅子から少し浮かして、後ずさりするさまを再現した。〈リアルだなあ〉と見たくもない奥崎の素ぶりにあっけにとられ、言葉も出ない私。そして、奥崎が発した続きの言葉に仰天した。

「原さんにぜひ撮っていただきたいんです。私はこれまでに自分の子どもを欲しいと思ったことはありませんでした。私にタネがないのか、家内に産む能力がないのか。原因がどちらにあるのか分りませんが。私は、女房のほうに原因があると思ってるんですね。私はこの歳になって自分の子どもが欲しい、と思ったんですね。そこで昨夜、私とセックスした女性に私の子どもを産んでほしい、とお願いしようと思うんですね。ぜひ、その場面を原さんに撮っていただきたいんです」

〈うわあ!〉と叫びたい気持ちを、私は懸命にこらえていた。「さすがに、このホテルではまずいでしょう。今夜、私は別のホテルを予約しておきますから、原さんは七時に来てください」。〈わっ、ホテルの手配まで頭が回るのか〉と少々驚いた。さておき、奥崎謙三が「自分の子どもが欲しい」と言い出したことの意味が、この映画の物語にどう影響を与えるだろうか？

そのことを考えようとしたが、混乱気味の頭では分からなかった。だが、奥崎謙三が今になって子どもが欲しいと思うようになったことの意味は大きいだろうと考えていた。撮るしかないだろうな。だがフィルムをどうするか？　手元には一本も残っていない。それでも「分りました」と奥崎に答えるしかなかった。

高級ホテルでの出来事

にわかに忙しくなった。ジャカルタにあるテレビ局に行けばフィルムは持っているはず、と読んだ私は、タクシーで市内を回ることにした。英語が少しできる助監督は、経費を抑えるために先に帰国していた。英語ができない私がひとりでジャカルタのテレビ局を訪ねて、「生フィルムを分けてくれ」なんていう交渉をできるわけはない。だから、通訳がいたはずだと思うのだが、そのあたりがどうしても思い出せない。

テレビ局は、三カ所くらい回ったと思う。結果、一〇〇フィートのものが三ロールほど手に入った。まっ、これだけあれば最低限の必要なカットは撮れるだろう、とホッと一息。夕方、指定されたホテルに向かった。いかにも高価そうなたたずまいの造り。訳ありのカップルが好みそうな雰囲気。〈奥崎さん、やるなあ〉と妙に感心した。

部屋の呼び鈴を押すと、真っ白い綿のフワッとしたバスローブをまとった奥崎さんがあらわれ、面食らってしまった。機嫌よく私を迎え入れる。「どうぞどうぞ」と。待つこと数分。相手の女性があらわれた。が、意外なことに、女性ひとりではなかったのだ。若い男性が一緒だった。若い女性もまた、私がそこにいたことに面食らったようだった。奥崎さんは、私にもカップルにも、自分の狙いを伝えていなかったわけである。

若い女性は奥崎さんに、「彼は従兄弟《いとこ》です」と若い男性を紹介した。「なぜ従兄弟を連れて来たのか」と奥崎さんが訊ねた。しかし、通訳がいるわけでもなく、何を言っているのかはほとんど分からなかった。別に怒るでもなく、奥崎さんは黙って聞いていた。何となく気まずい雰囲気が漂う。しばらく沈黙があってから、若い女性が「帰ります」と言った。奥崎さんも引き止めようとしない。あっけない幕切れだった。

若いふたりが去った後、奥崎さんは私に言った。「あの若い男が従兄弟だというのは嘘ですね。私からお金をせしめようと思って、用心棒がわりに連れてきたんでしょう。若い女性のほうも、原さんがいらっしゃったので『まずい』と思って何もせず、黙って引き上げたんですね」と。奥崎さんの推理が当たってるように思えた。不首尾に終わったことには執着していないようだ。〈不思議な人だな〉と思った。「じゃあ、原さんは、おひとりで帰ってください。私はせっかくこのホテルを借りたので、このまま泊まりますから」と言われ、なんだか肩透かしを食らったような気がした。〈アホらしいことに付き合わされて、バカみたい〉と自分を呪いながら帰っていった。

翌日、東京へ向から飛行機に、奥崎さんと私は並んで座っていた。飛び立ってしばらくすると、奥崎さんが切り出した。「黙っていようと思ったんですが、原さんにだけはお話しておこうと思いますのでね」と例のワンパターンの枕詞を切り出した。「じつは、昨夜、原さんが帰られた後、マッサージの女性にホテルに来ていただいてセックスしたんですね」。〈エッ！　そうだったんだ!!〉。冷静をよそおって、黙って聞いていた。「神戸に帰りましたらですね、妻に、私がセックスしたことを土下座して謝ろうと思うんですね。ぜひ、原さんにその場面を撮っていただきたいんですけどね」。

ここまでくると、アホらしさの極みというべきか、あきれてものが言えないって感じだ。「私、また、インドネシアに来るつもりなんです。そして私の子どもを産んでくれるように頼むつもりです。ぜひ、原さんにその場面を撮っていただきたいんです」。

絶句……。〈エンドレスじゃないか！　生涯、奥崎の専属カメラマンとして付き合え、って求められているのか？〉

（成田に着き東京駅に向からリムジンバスの中での出来事。乗客全員の視線が私に注がれた。全身がカーッと熱くなる。このときの屈辱感は、生涯忘れることはないだろう。このことがなければ私は、その後、奥崎に対する強い拒絶反応を持つことはなかったのに、と思う。一二七―一二九頁を参照）

没収されたフィルムが戻ってこない……

外務省では、玄関口にある警備詰所で「俺は奥崎謙三だ！」と名乗っただけで、すんなり中へと入れてくれた。が、ここでも「奥崎先生のお話は分かりました。ただ時間が少々かかると思いますので神戸に帰られてお待ちください」と慇懃無礼に言われた。なんだか、ていよくあしらわれている感じだが、手も足も出なかった。

私は一刻も早く奥崎さんと別れたかった。もう二度と奥崎さんの顔なんか見たくない、という気持ちでいっぱいだった。奥崎さんの奥さんに土下座するシーンを撮りたいかどうか、について考えるのも嫌だった。昨夜のリムジンバスの中での屈辱の火照りが、まだ強くくすぶっていたからだ。一応、神戸へと帰っていく奥崎さんを見送りに、東京駅の改札までは同行した。だが、そこまで付き合うのが我慢の限界だった。

その後、奥崎さんから「これから、もう一度ニューギニアへ行きます。供養のためにセスナをチャーターして、空からジャングルに花束と米を撒いてやろうと思うんです。ぜひ、原さんにご一緒に行っていただきたいんです」という電話を受け取った。電話は小林が受けた。一瞬、〈没収されたフィルムの代わりになるかな？〉とか〈ラストシーンとしてそのシーンがあれば、映画としてはスムーズに終われるんじゃないか〉という気持ちがなくはなかった。だが、体の中の屈辱の火照りは、いまだに強くくすぶっていた。返事をする気さえおきず、無視した。二度と電話はかかってこなかった。その後、誰かから聞いたのかは思いだせないが、奥崎は計画通りニューギニアへ行き、セスナをチャーターして空から花束と米を撒いた、とのことだった。

なんとか没収されたフィルムを取り返すべく、動いていた。今村昌平監督が国会議員に会いに連れていってくれた。議員から圧力をかけてもらえば何とかなるかも、と発想したのだ。だが、その議員からかなりの金額が必要と言われた。まあ、がんばれば何とか調達できるかな、と思える金額だった。その議員が別の議員を紹介するというので会うと、また「お金がかかります」と言われ、その額が前より相当アップしていた。で、さらに別の議員に紹介され金額もアップ、という繰り返し。

どんづまりの状態になって半年がすぎたある日。私は、テレビ番組の撮影助手のバイトをしていた。昼休みに昼食を取りながら何気なくテレビのニュースを見ていた。すると、唐突に奥崎さんの顔写真が画面に写しだされた。元・中隊長の息子に発砲し、重体を負わせて逃亡、と。驚いた。〈あ、ホントにやったんだ!〉とショックを受ける。だけど、いつもなら犯行を終えたら、すぐに自首していた。今回は逃亡したのは、何でだろう。そこが分からなかった。

その疑問は、二日後に解けた。逮捕されたというニュースがあって、じつは奥崎さんはほかの人も狙っていた、と自供したというのだ。標的は、神戸のインドネシア領事館や自民党議員などである。インドネシア領事館は、フィルムを没収して返さないから、という理由で。私は、深い溜息をついた。インドネシア領事館を狙っていた、と報道された以上、いくら政治家を介してお金を積んでも、インドネシアもメンツがあるだろうから没収したフィルムを返すことは絶対にないだろう。

断念するしかなかった。ひどい脱力感に襲われた。苦労に苦労を重ねてきて、その努力がすべてパーになってしまった。だって、ラストシーンがない映画なんてあり得ないからだ。これまで撮ったフィルムは現像して、ラッシュプリントとネガが缶に入った状態で部屋の片隅に山積みになっていた。それらを見るのも嫌だった。

哀しき性の行方

一年が経った。時というのは偉大だなあ、と私らしからぬ哲学ふうな感傷にひたりつつ、徐々に気持ちが前向きになっていった。さすがに屈辱の火照りも消えていた。手元に残ったフィルムで、作品にしていくしかないなぁ、と考えられるようになっていた。そこからほぼ一年かかって、映画は完成した。奥崎さんのほうは、一二年の懲役刑という判決が出て、服役していた。こんな厄介なキャラクターの主人公を描いたドキュメンタリーって、誰が見てくれるんだろうか？　そんな不安を吹き飛ばすように、映画は大評判になった。

奥崎さんが一二年の服役中、私のほうから連絡を取ることは一度もなかった。しかし、時は過ぎ、刑期を終えるときがきた。出所の日、プロデューサーの小林は、自分の目で奥崎さんを見ておきたいからと、府中刑務所に向かった。私はいかなかった。帰ってきた小林から聞いたのだが、奥崎さんを出迎えたのは総勢二〇名くらい。その中に、あるグループがいて、彼らが奥崎さんを車に乗せて去っていった、ということだった。そのグループが何なのか、私は知らない。

しばらくして、ひとつのAV作品が巷で話題になっていることを知った。タイトルは『神様の愛い奴《う》』。そんなAVなど、見たくもなかった。が、気になるから買ったのか？　いや買うわけはないよな。だから発売元が送ってきたのか？　いやあ、それも違うな。送ってくれる人なんかいないから。じゃあ、どうして入手したんだろう？　ともかく、手元にあっても、見たい気持ちがぜんぜん起きなかった。見たい気持ちどころか、見たくない気持ちのほうが強かったのだ。どうしても見ておかなければ、という状況に追い込まれて、いやいや見たのは、それから半年も過ぎてからだ。

見ているあいだ中、嫌悪感が襲ってきてツラかった。こんなおぞましいものに、なぜ奥崎さんは出演する気になったのだろうか？　AVの制作会社など、所詮、奥崎さんをダシにして金儲けを企んだ連中じゃないか。どうして、そんなことが見抜けないのか。奥崎さんという人は世間知らずの大バカ者なのか？……などと思ったりした。

ニューギニアやインドネシアのロケの時に芽生えた性欲の渇望を、一二年の刑でまたまた抑え込まなければならなかったことは、さぞ苦しかっただろう。そこだけは、唯一、同情することができた。その抑え込んだ性欲を意識的に利用してやれ、とAVに誘い込んだ連中がいたなら、許しがたいとも考えた。だが、そこまで考えているようにも思えなかった。ともあれ、AV作品の内容はヒドイものだった。

皮のロングブーツを着て、手に鞭を持ったSMの女王が奥崎さんをいたぶる、という設定である。決してMというタイプではない奥崎さんに、M男のキャラが演じられるわけがない。始まって間もなく、Sの女王にいたぶられることに対して本気で頭に来て、設定自体をメチャメチャに壊してしまう、という流れであった。そこがドキュメンタリーとしておもしろかった、と評価をする向きがあるが、冗談じゃない。ただ品性下劣な意図の元に作ろうとしたものであり、その意図を壊したからといって、それはただ内幕を暴露しただけのこと。私は、ただ単に奥崎さんをダシにして、金儲けを企んだだけの奴らに踊らされた奥崎さんが哀れでならなかった。

結局、神戸に帰り、ひとり暮らしを余儀なくされた奥崎さん。ほぼ八年生きて、死亡した。奥崎さんを心の底から尊敬していた支援者のNさんから連絡がきた。「奥崎さんの形見分けをしますから、来ませんか?」と。「田中角栄を殺すために記す」と大書したシャッターが懐かしかった。一歩、店内に入ると、かび臭かった。体を壊して、おそらく商売どころではなくなり、シャッターは閉じられたままだったのだろう。

「晩年は、ここでひとりで寝起きしていたんです」と案内されながら二階に上がると、いつもの奥崎さんの寝所にはベッドが置かれている。タンスの上に目をやると、奥さんのシズミさんの遺影が置かれている。そして白い布に包まれた骨壷があった。

「奥崎さんは、奥さんのお骨をお墓に入れずに、ずっと手元に置いていらっしゃったんですよ」とNさんが教えてくれた。形見になるものを探しながらNさんが話しかけてきた。

「じつは私、奥崎さんからお金を貸してくれと頼まれて貸してあげたんです」

「え、おいくら貸してあげたんですか?」

「二〇万円です。結局、返してもらえませんでしたけど」

「そうですか。何に使ったんでしょうねえ?」

「安い金額じゃないので、私も奥崎さんに聞いたんですよ。何に使うんですかって?」

「ええ、ええ」

「その時は答えなかったんです。後になって分かったんですけどね。奥崎さん、ソープに通っていたんです」

「え! ソープに、ですか?」

「はい」

「はあ!」

「それでね。ソープの女の子に『私の子どもを産んでくれませんか?』って頼んでいたんですよね」

文庫版のための〈あとがき〉

時が経つのは早いものだ、としみじみ思う。一九八七年に『ゆきゆきて、神軍』が完成してから七年、奥崎謙三と初めて出会ってからは十二年経つ。

奥崎謙三は、今はまだ、刑務所の獄中にいる。熊本刑務所の独居房から小倉の医療刑務所に移された、と人づてに聞いた。いや、医療刑務所といっても、体力が弱ってとか、という理由ではなさそうなのだ。熊本刑務所で、倦まず撓まず刑務所権力と闘い続けて、刑務所側がウンザリして医療刑務所に送り、パラノイアと診断させようとしたらしい。させようとしたらしい、という言い方は適当ではないかもしれない。権力側は、奥崎謙三のような人間は、やはり、精神が異常だと心の底から思ってるだろうから。

――あれやこれやの診断の結果は、言うまでもなく、正常。

奥崎謙三は、断じてパラノイアなんかではない。自分の中の《狂気》と《正気》を、奥崎謙三はよく承知している。奥崎謙三は《狂気》をコントロールできる人なのだ。《狂気》をコントロールしながら、奥崎謙三は巨大な相手と闘ってきた人なのだ。そんな人間がパラノイアであるハズがない。

私は、あの映画作りの中で、奥崎謙三から《狂気》をコントロールする術を教えてもらったのだ、という気がしてならない。

で、実は、コントロールできる《狂気》は、《狂気》なんかではないのだ。では奥崎謙三の場合はどうなのか。

本物の《狂気》ってやつは、コントロールできる《狂気》を突き抜けてこそ、本物の《狂気》なんだということを奥崎謙三は熟知している、と私には思える。〝コントロールする術〟と書いたが、コントロールしている内に、コントロールできなくなる瞬間が、まさしく正真正銘の《狂気》なのだが、その爆発点を見据える事をも含んでこその〝コントロールする術〟の構造なのだ。

それは、もう神業と呼ぶべき領域なのだろう。奥崎謙三は私に身をもって、そのことを教えようとした。奥崎謙三と出会ってから十年以上という月日を経て、やっとこの頃、そう思えるようになってきた。

つまり、奥崎謙三は神の領域へ踏み込んでる人なのだ。

奥崎謙三は、獄中からこの娑婆を、「奥崎教」の御旗を押し立てて教化すべく、打って出ると意気盛ん、ともれ聞いている。

一九九四年　盛夏　記す　　原　一男

増補版のための〈あとがき〉

時が経つのは早いものだ、としみじみ思う。

これは、文庫版のための〈あとがき〉に書いた文章と同じもの。増補版を出すにあたっての感慨は、今回も同じだ。だが内実は違う。前回は、奥崎謙三が獄中にいた。今は、もう帰らぬ人。私の中の喪失感は大きい。

奥崎から「ゆきゆきて、神軍」のパート2を作ってほしい、という要望を獄中から受け取った。奥崎が出獄する直前まで悩みに悩んだ末、作らないことを決意した。奥崎は、死ぬ間際まで、そのことで私を恨み、憎悪を募らせて死んでいった、ということを知って私は激しく動揺した。やはり、パート2を作るべきだったか、と。しばし考えた。が、作るべきではないとの判断でよかったのだと再び結論を出した。

パート2を作らないと結論を出したことの是非は変わらないが、ますます民主主義の破壊度を強める現政権を見て、奥崎が生きていれば、どう思っただろうか、どういうアクションを起こしただろうか、と考える。たった一人の神軍平等兵を標榜していた奥崎だが、その後に続くものが現れる可能性は、どうやらなさそうだ。

ならば、私が二人目の神軍平等兵になるしかないではないか、と思うことがある。世の中の気配が、神軍平等兵の再登場を待ち望んでいるのではないか、と感じることがあるのだ。
「ゆきゆきて、神軍」が初めて上映されてから、はや三〇年が経つ。世代交代が進み、今や「ゆきゆきて、神軍」を観ていない若い世代が圧倒的に多くなった。ゆえに再び上映をやらなければ、と考えている。そのためにも、この増補版の、新「製作」ノートが必要だったのである。

二〇一八年三月　　　　原　一男

原一男　フィルモグラフィ

一九四五　山口県生まれ
一九六五　東京綜合写真専門学校中退
一九六九　銀座ニコンサロンで写真展〝ばかにすンな！〟
一九七二『さようならＣＰ』（16ミリ82分ドキュメンタリー）監督・撮影
一九七四『極私的エロス・恋歌１９７４』（16ミリ92分ドキュメンタリー、トノンレバン国際独立映画祭グランプリ受賞）監督・撮影
一九七五　ＴＶ作品「歴史はここに始まる、『女たちは今…』」（ＴＢＳ）演出
一九八七『ゆきゆきて、神軍』（35ミリ122分ドキュメンタリー、日本映画ペンクラブ推薦、日本映画監督協会新人賞、ベルリン映画祭カリガリ映画賞、優秀映画鑑賞会推薦、報知映画賞優秀監督賞、キネマ旬報ベストテン２位・読者選出１位・読者選出監督賞、毎日映画コンクール日本映画優秀賞・監督賞・録画賞、ブルーリボン賞監督賞、ヨコハマ映画祭ベストテン１位・作品賞・監督賞、日本映画ペンクラブベスト１位、映画芸術ベストテン１位）監督・撮影
一九九四『全身小説家』（35ミリ157分ドキュメンタリー）監督・撮影
一九九八「映画監督浦山桐郎の肖像」（関西テレビ疾走プロダクション共同制作128分、放送文化基金賞）演出
二〇〇五『またの日の知華』（35ミリ114分劇映画）監督
二〇一八『ニッポン国 vs 泉南石綿村』（ＤＣＰ215分ドキュメンタリー、釜山国際映画祭最優秀ドキュメンタリー賞、山形国際ドキュメンタリー映画祭市民賞、東京フィルメックス観客賞）

姫田真佐久キャメラマンに師事。『天平の甍』（熊井啓監督）、『復讐するは我にあり』（今村昌平監督）、『ええじゃないか』（今村昌平監督）他撮影助手
助監督として、『太陽の子』（浦山桐郎監督）他
監督補として、『海と毒薬』（熊井啓監督）他

ドキュメント　ゆきゆきて、神軍　増補版

2018年7月20日　初版第1刷発行
2020年9月30日　初版第2刷発行

著　者　原一男
　　　　疾走プロダクション

発行所　株式会社皓星社
発行者　晴山生菜
　　　　〒101-0051　東京都千代田区神田神保町 3-10-601
　　　　電話 03-6272-9330
　　　　e-mail info@libro-koseisha.co.jp
　　　　ホームページ http://www.libro-koseisha.co.jp/

装幀　小林義郎
組版　米村 緑（アジュール）
印刷・製本　精文堂印刷株式会社

落丁・乱丁本はお取替えいたします。
ISBN 978-4-7744-0657-2 C0036